KB048834

해운물류 다이제스트

이태휘

박영사

해운물류 다이제스트

이태휘

MARITIME LOGISTICS DIGEST

박영사

서문

2016년 대학에서 강의를 시작하면서 한 해도 빠짐없이 비전공 학생들에게 해운을 가르칠 수 있는 교양수업을 하게 되었다. 전공 학생들은 해운이 훗날 밥벌이가 된다거나, 자격증이라도 따야 한다는 동기부여가 있지만, 비전공 학생들에게 해운은 인문학이나 철학처럼 '한 번 들어보는 많은 교양수업 중 하나'일 뿐이었다. 우리는 해운이 중요하고 없으면 당장 큰일이라도 날 것처럼 말하지만 말이다.

햇수로 7년, 11학기를 강의하면서 비전공자들, 나아가 일반 대중들이 해운을 어느 정도로 중요하게 여기며 대략 어떻게 생각하는지에 대한 감 같은 것이 생겼다. 그네들의 눈높이에 맞는 예화를 발굴하고 개념 설명 방법을 연구하였다. 그러다 보니 담당하는 수업 중에서 가장 평가가 좋은 수업이 되었고, 학생들 사이에서도 '설명이 쉬운 꿀 교양'으로 소문이 나기 시작했다.

일반 대중들에게 해운의 중요성을 어떻게 어필해야 하는가? 이 질문에 내가 대답할 자격이 있다고 할 수 없으나, 지난 7년의 강의 경험을 근거해 답을 해본다면 일반인들은 해운을 전공하거나 관련 업종에 종사하는 우리만큼 해운을 중요하게 생각하지 않는다는 것을 인정하는 것에서 시작해야 한다는 것이다.

몇 해 전부터 '알쓸신잡(알아두면 쓸데없는 신비한 잡학사전)'이나 '벌거벗은 세계사' 같은 지식예능 프로그램과 유튜브(YouTube)의 각종 인문학 채널들이 선풍적인 인기를 끌고 있다. 이런 프로그램이 인기를 끄는 현상을 보면 '지식'에 대한 일반 대중들의 수요가 상당하다는 것을 알 수 있으며, 지식예능 프로그램의 난도가 일반 대중들에게는 적절하다고 볼 수 있다. 해운도 앞서 언급한 방송 프로그램 정도의 난도로 대중들에게 다가간다면, 해운의 대중화에 기여할 수 있지 않겠는가? 이러한 목적의식에서 이 책은 작성되었다.

이 책의 주 독자층은 비전공자이다. 비전공자 중 해운에 관심이 있는 사람, 해운을 전공하지 않았지만 해운 관련 (공)기업에 취업을 희망하는 사람, 비전공자 출신의 해운 관련 신임 공무원들이 이 책을 일독한다면, 해운에 관심을 갖게 되거나 해운에 대한 교양 수준의 지식을 얻게 될 것이라 생각된다.

1장 '물류와 SCM의 기초'는 교양 수준에서 알아야 할 물류와 SCM의 기초를 담았다. 물류는 어디에 쓸모가 있는지, 물류는 어떻게 세계화를 앞당겼는지, 공급망에서 채찍효과는 왜 발생하는지 등에 대해서 원론적 내용이 아니라 비전공자들의 눈높이에서 예시를 개발하고 설명했다.

2장 '원리로 이해하는 해운물류'는 현황으로 가득 차 있는 해운물류 교과서의 한계를 극복하기 위한 작은 시도라고 할 수 있다. 경제학 및 경영학 이론과 그 원리를 바탕으로 해운물류의 중요한 주제들을 설명하였다. 개념과 원리에 대한 이해를 통해 (비)전공자들의 해운물류에 대한 이해가 향상될 것을 기대하면서, 더불어 세상을 보는 눈도 길러지기를 바라는 마음이다.

3장 '미래의 해운'은 2021년 한 지자체의 자문 보고서를 작성하면서 수집한 자료의 도움을 많이 받았다. '문송'한 저자의 배경 탓에 해운물류의 첨단 기술의 자세한 설명보다는 '기술 도입 배경이나 필요성'을 주로 담았다.

4장 '해운물류 뉴스 다시 보기'에서는 해운물류 관련 뉴스에 대해 일종의 '팩트체크'를 해 보았다. 해운물류와 관련된 뉴스 중에서 잘못 알려진 사실들, 근거가 부족한 주장들을 바로잡기 위해 노력하였다.

집필에 저당 잡혀 독박 육아를 감당해준 아내 라경에게 감사한 마음과 미안한 마음을 전하며, 아들이 이름처럼 '하나님이 주신 지혜로 세상을 따뜻하게 하는 사람'(사 50:4)이 되길 바라는 마음에서 이 책을 선물한다.

2022년 벚꽃이 만발한 진주에서

저자 이태휘

목차

maritime_logistics_digest

1부

물류와 SCM의 기초

1장

알고 보면 쓸모 있는 물류

대학을 휴학하고 군에 입대하기 전 3개월간 물류센터에서 아르바이트를 하면서 처음으로 물류와 인연을 맺었다. 군에서는 창고 보급병으로 근무했고, 흔하지 않은 '물류학'으로 석사와 박사를 받고 물류를 가르치는 교수가 되었으니, 인생의 절반을 물류와 함께 했다고 해도 과언이 아니다. 물류가 '밥벌이'가 되다 보니 '물류의 쓸모'(다시 말해 효용)를 잊고 살 때가 많다. 적지 않은 학생들이 공무원 시험 준비를 한다는 이야기를 들을 때, '왜 나처럼 물류에 인생을 걸지 않을까?' 하는 생각을 하고는 했다. 물류는 어디에 쓸모가 있는 것일까? 이 좋은 물류에 어떻게 하면 많은 학생을 유인할 수 있을까? 사람들에게 물류의 쓸모를 어떻게 설명해야 할까?

물류는 크게 보관과 운송, 그리고 하역으로 구성된다. 많은 교과서에서는 이 활동들을 물류의 기능, 혹은 구성요소라고 한다. 이 외에도 정보와 포장은 물류의 보조 기능이 된다. 이 중 가장 중요한 요소는 단연 보관과 운송이다. 다른 기능과 다르게 보관과 운송을 통해서만 효용(utility)이 창출되기 때문이다.

어릴 적에 같은 아파트에 살던 이웃집 아주머니들이 우리 집에 모여 김장을 한 적이 있다. 아마도 단체 김장을 위해 날짜를 미리 정해서 김장 날짜를 잡는 것부터가 시작이었을 것이다. 김장 날짜를 정했다면 이제 배추를 구매해야 한다. 배추 구매 담당자를 선정하고, 선정된 구매 담당자가 마트에 가서 대량으로 배추를 구매했을 것이다. 구매한 배추는 구매 담당자 집에서 소금에 절여 보관하고 김장 날짜를 기다릴 것이다. 여기서 보관의 효용이 등장한다. 즉, 보관은 조달(배추 구매)과 생산(김장) 간의 시간적 차이를 채우는 데 필요한 것이다. 보관의 효용과 관련해 수업 시간에 학생들을 재미있게 해주기 위해 잘 드는 선명한 예화가 한 가지 더 있다.

"우리 학교 월급날은 매달 17일이야. 그런데 오늘 며칠이지?"

"14일이요."

"이게 뭘 의미하는지 알아? 교수님 통장에 돈이 하나도 없다는 뜻이야."

"어 그런데 내가 신형 아이폰을 사고 싶네. 그럼 17일 이후에나 살 수 있겠지? 그런데 핸드폰 가게에 이미 만들어져서 판매를 기다리고 있는 아이폰이 있단 말이야."

"어 그럼 어떻게 하지? 생산은 이미 끝났고, 판매는 17일 이후에나 할 수 있는데?"

"그래서 보관을 하는 거야. 여기서 보관의 효용이 나왔어. 보관이 생산과 판매의 시간적 간격을 메꿔준다는 거야."[1]

항공사가 제공하는 코트룸 서비스

자료: https://news.koreanair.com/

1 보관은 조달과 생산, 그리고 생산과 판매의 시간적 간격을 메꿔주는 역할을 해, 이 효용을 시간적 효용(time utility)이라고 한다.

꼭 생산이나 구매 업무에 종사하지 않더라도 일상생활에서 보관은 유용하게 사용된다. 추운 겨울날, 따뜻한 동남아로 여행을 간다고 생각해보자. 두꺼운 외투를 입고 인천공항에 나설 것이다. 당연히 동남아 여행에서 선보일 각종 액세서리(accessory)와 옷가지를 캐리어에 가득 담아 놨을 것이다. 그런데 공항에 도착해서 항공기 티켓을 발권하는 순간부터가 문제이다. 입고 있는 두꺼운 외투는 지금부터 불필요하기 때문이다. 캐리어에 넣자니 옷가지로 이미 가득 차 있어 들어가지 않는다. 이런 여행객들을 위해 항공사들은 승객의 외투를 보관해주는 서비스를 제공해준다. 물론 공짜는 아니고 약간의 대가를 지불해야 한다. 하지만 괜찮다. 불편함 없이 여행을 갔다 오려면 외투는 걸림돌이기 때문이다.

이번에는 운송의 효용을 알아보자. 운송은 장소적 효용을 창출한다. 운송이란 사람이나 재화를 한 장소에서 다른 장소로 고객이 원하는 장소로 이동시키는 물리적 행위를 말한다. 코로나 19 상황이 심각한 요즈음, 편리하게 택배를 이용하면 백화점이나 대형 마트와 같은 밀집 시설에 가는 부담을 덜 수 있다. 요즘에는 해외직구가 발달해서 해외여행을 갈 때 필요한 물건을 사 오는 수고를 덜 수가 있다. 이 모든 것들이 운송이 주는 편리함이다. 운송으로 말미암아 거리로 생긴 장소 제약을 극복할 수 있는 것이다. 하여 운송을 통해 장소적 효용(place utility)이 창출된다.

수도권에 사는 대학생 여럿이 여름 휴가철을 맞이하여 부산에 여행을 간다고 해보자. 여학생들이라면 서로에게 꾸안꾸(꾸민 듯 안 꾸민) 패션을 선보이기 위해 캐리어에 짐을 한가득 담았을 것이다. 부산역에 도착하자마자 해운대 백사장을 거닐고 남천동에 맛있는 빵집도 가고 싶다. 그런데 캐리어가 문제이다. 예약한 호텔이 영도에 있는데, 영도에 있는 호텔에 들려 체크인을 하기에는 현재 위치에서 지하철이 반대 방향이기 때문이다. 캐리어를 끌고 만원 지하철 열차를 타는 것은 여행의 기분을 떨어트리고 불편하다. 게다가 바퀴가 두 개 달린 캐리어라 무겁고 방향 전환도 힘들다. 오르막길, 내리막길에는 최악이다.

이럴 때는 짐캐리(Zim Carry)[2]에게 부산역에서 예약해둔 영도의 호텔까지 짐 운

2 "행복하게 여행하려면 가볍게 여행해야 한다."(생택쥐페리) 짐캐리 손진현 대표는 이 문장에서 회사가 시작되었다고 한다. 회사 창업을 하기 전 손 대표는 영국에 사회적 경제 관련 연수를 다녀왔다. 연수 일정을 마치고 한국으로 출국하는 당일, 비행기가 저녁 시간이라 낮 동안 간단하게 관광을 하

송을 의뢰하면 된다. 그러면 양손은 편안하게 해운대 백사장을 거닐 수 있고 남천동에서 맛있는 빵들도 마음껏 즐길 수 있다.

려고 했다. 어렵게 수하물 보관소를 찾아(관광을 하고자 하는 장소의 방향이 공항과는 일치했으나, 호텔과는 일치하지 않았던 것 같다) 짐을 맡기고 관광을 한 후 다시 보관소를 찾아 수하물을 찾아 공항으로 가야하는 불편함에 힌트를 얻어 짐캐리 회사를 창업하게 되었다고 한다.

2장

알아봐야 쓸모없는 물류 잡학지식

물류라는 용어를 사용한 것은 언제부터였을까? 조선시대에도 물류라는 용어를 썼을까? 조선왕조실록에 물류라는 용어가 있을까? 물류라는 용어는 일본에 뿌리를 두고 있다. 1956년 일본에서 이치오 이자와를 단장으로 미국에 파견된 '일본생산성본부 유통기술전문시찰단'이 제조, 포장, 하역, 저장, 운송 활동을 보고 귀국 후에 이를 '유통기술'이라는 용어로 불렀다. 1960년대에는 유통기술이라는 용어 대신 'PD'라는 말로 바꿔 사용한 것으로 알려진다. 이것은 당시 미국에서 사용하던 'Physical Distribution'의 적절한 번역이 없었기 때문에 영어의 첫 머리글자를 이용해 'PD'라고 했던 것이다. 1963년에는 Physical을 '물적(物的)'으로 번역하고, Distribution을 '유통'으로 번역하여 '물적 유통'이라는 말을 사용하기 시작했다. 1970년대에 접어들면서 물적 유통은 의미가 모호하고, 물류라는 표현이 물건의 흐름이라는 개념을 함축적으로 잘 표현하고 있기 때문에 '물류'로 줄여 부르기 시작했다.

'물류'라는 표현이 일본을 넘어 한국과 중국으로 전해지면서 우리나라도 '물류'라는 용어를 사용하기 시작했다. 결과적으로 물류는 Physical Distribution을 일본식으로 직역한 '물적 유통'의 약어인 것이다.

90년대 우리나라에서는 '물류'의 어원이 일본이라는 점에 문제가 있다고 하여, '화물유통'이라고 부르기도 했다. 이와 관련한 법제명으로 화물유통촉진법이 있었다. 화물유통촉진법은 물류체계의 합리화와 물류비의 절감을 통해 국민경제 발전을 목적으로 하는 법이다. 이 법은 1996년부터 시행되어 오다가 2007년에 '물류정책기본법'으로 법제명이 바뀌었다.

본격적으로 물류에 대한 '알아봐야 쓸모없는 지식'을 알아보자. 물류 관련 국가자격증이 있다. 바로 물류관리사이다. 1995년에 물류관리사 1회 시험이 처음 시행되어 2021년 25회까지 시행되었다. 이 책을 읽는 취준생 중에 물류기업 취업을 원한다면 물류관리사 정도는 취득하는 것이 좋을 것 같다. 시험 과목은 물류관리론, 화물운송론, 보관하역론, 국제물류론, 물류관련법규이다. 매년 7월 시험이 실시된다. 물류라는 용어조차 생소하던 시절, 국내 최초로 물류 명칭을 사용한 학과가 생겨났다. 바로 한국해양대 물류시스템공학과이다. 한국해양대 물류시스템공학과 이전에는 항만운송공학과라는 명칭을 사용했다.[3]

2000년대 초반 물류전문대학원도 하나, 둘씩 생겨나기 시작했다. 2004년에 인천대학교에 동북아물류대학원이 설립되었고, 2006년에 인하대 물류대학원이 설립되었다. 특히 2004년 설립된 인천대 동북아물류대학원은 국민의 정부와 참여정부 시절 동북아시대위원회에서 위원으로 활동한 고(故) 전일수 교수가 주축이 되어 설립한 것으로 알려져 있으며, 국내 1호 물류학박사를 배출한 것으로 화제가 되기도 했다.[4]

삼성경제연구소나 일본의 노무라 종합연구소처럼 민간 연구소가 물류 분야에도 존재한다. 바로 한진 그룹에 속한 한진물류연구원이다. 한진물류연구원은 1991년 개원했는데, 당시에는 전화로 연구원의 주소를 말해주면 '한진물리연구원' 혹은 '한진물개연구원'이 맞냐며 되물었다고 한다.[5] 그만큼 물류라는 용어가 생소하던 시절이었다. 매년 11월 1일은 물류의 날이다. 1993년 1회를 시작으로 2021년 29회를 맞았다. 무역의 날은 우리나라가 최초로 수출 백만 불을 달성한 날이고 해운·항만청이 수산청과 통합하여 해양수산부로 승격된 날을 기념하여 매년 5월 31일을 바다의 날로 지정하였다고 한다. 하지만, 물류의 날이 11월 1일인 이유는 알려지지 않고 있다.[6]

---

3 1988년 항만운송공학과로 출발하여 1995년 물류시스템공학과로 명칭을 변경하였다.

4 국내 1호 물류학박사는 2007년 박사학위를 취득한 홍명호 박사와 이원동 박사이다.

5 한진물류연구원과 한국항공대학교에 근무하셨던 故 박영재 박사님께 들은 이야기이다.

6 11월 1일은 한우데이로도 지정되어 있다. 최소한 이 책의 독자들은 11월 1일을 한우데이보다는

물류 업무를 담당하는 소관 정부 부서도 조금씩 바뀌어 왔다. 육해공 물류 중 하늘과 땅에서 이루어지는 물류는 국토교통부가 담당하고 있고, 바다에서 이루어지는 물류는 해양수산부가 담당하고 있다. MB정부 시절에는 국토와 해양 업무를 통합한 국토해양부가 육해공 물류를 모두 담당하기도 했다. 전직 대통령 중 해양수산부 장관 출신이 있다. 바로 노무현 대통령이다. 노무현 대통령은 해양수산부 장관을 지내며 물류에 대한 식견을 넓혀나간 것으로 보인다. 그래서인지 노무현 대통령은 직접 동북아 물류 추진을 위한 로드맵을 발표하는 등 물류에 대한 각별한 애정과 관심을 보인 것으로 알려져 있다.

아래 그림은 저자가 2018년 항만경제학회에서 발표한 논문으로, 과거 대통령들의 재임 기간 바다의 날 연설문을 분석한 것이다. 2003년 바다의 날에 노무현 대통령의 연설문에는 물류, 동북아, 우리, 세계, 여러분이라는 단어가 자주 등장한다. 이명박 대통령의 2008년 바다의 날 연설문에서는 해양, 바다, 우리가 등장한다. 이를 두고 두 전직 대통령의 물류 관(觀)까지는 알 수 없으나, 확실한 것은 노무현 대통령의 연설문이 이명박 대통령의 그것보다 빼곡한 것을 알 수 있다.

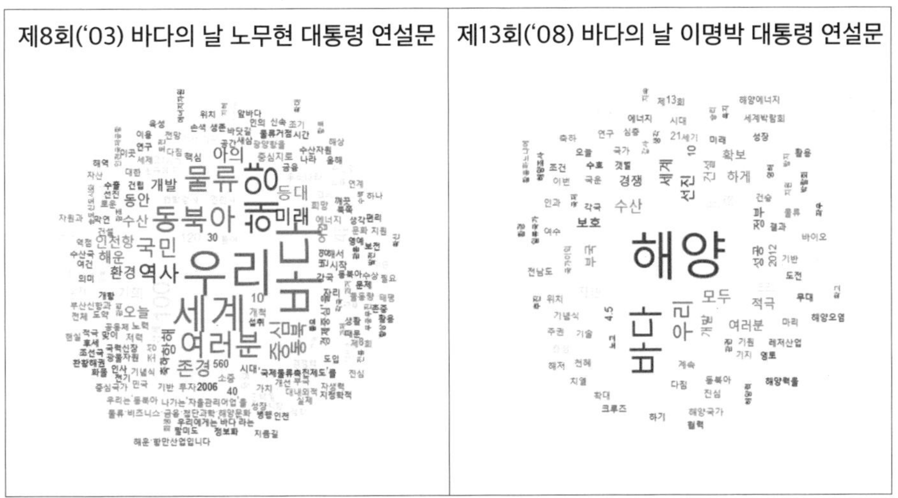

자료: 이태휘(2018), 텍스트 마이닝을 이용한 대통령의 물류 관(觀) 비교 연구, 2018년 한국항만경제학회 동계학술대회

물류의 날로 기억해주기 바란다.

3장

허브 앤 스포크

"모든 길을 로마로 통한다."

이 말만큼 허브 앤 스포크(Hub and Spoke) 개념을 잘 설명해주는 말은 없는 것 같다. 허브 앤 스포크는 허브(Hub)라는 바퀴의 중심 부분과 스포크(Spoke)라는 '차 바퀴의 살'[7]로 구성되는데, 보통 도로나 물류 경로는 허브와 다양한 스포크의 연결로 구성되고, 허브는 다시 또 다른 허브와 연결되어 있다.

허브 앤 스포크 개념은 FedEx의 설립자 프레드릭 스미스(당시에는 미국 예일대 재학 중)가 1962년 대학의 한 수업 시간에 제출한 리포트가 원조라 할 수 있다. 이 리포트에서 프레드릭 스미스는 미국 어디에나 24시간 안에 화물을 보내는 방법을 구상했다. 화물 집결지인 허브를 만들고 모든 화물을 일단 허브에 모은 다음, 재분류하여 미국 전역으로 배송하면 모든 화물을 24시간 이내에 미국 전역에 배송할 수 있다는 것이 핵심 내용이었다. 하지만 당시 교수는 이 허브 앤 스포크 개념이 실현 가능성이 없다며 혹평을 한다.

이에 굴하지 않고 프레드릭 스미스는 1971년 FedEx를 설립해 허브 앤 스포크 시스템을 통해 택배화물의 운송을 시작한다. 결과는 성공적이었다. 이후 허브 앤 스포크는 TNT, UPS 등과 같은 글로벌 특송업체의 운송 경로로 각광받게 되었다.

---

7 이동현(2000), 세계의 허브를 꿈꾸는 한반도(문형)

허브 앤 스포크 시스템은 항공 운송시장에서도 발견된다. 1978년부터 시작된 항공시장 자유화로 인해 미국은 항공 규제 완화(airline deregulation act)를 단행하기 시작했다. 이에 미국 항공사는 8개 대형항공사(유나이티드 에어, 아메리칸 에어 등)로 재편되었고 민영화로 국제항공사 간 가격경쟁이 나타나기 시작했다. 그 결과, 항공사의 세계화가 이루어지기 시작했고 항공사 간 그룹을 형성하게 되면서 거대한 노선망과 전 세계적으로 걸쳐져 있는 허브 앤 스포크 체계로 세계 항공시장을 점유하게 되었다.

Point to Point VS. Hub and Spoke

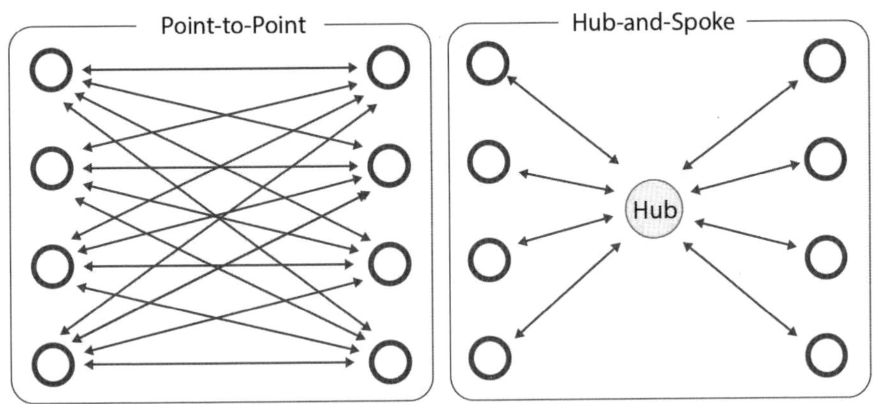

자료: Beyond X

허브 앤 스포크는 스타벅스의 매장 출점전략으로도 사용되고 있다. 스타벅스는 브랜드의 가시성과 인지도를 단기간에 향상시키고, 시장 지배력 확보와 효과적인 물류망 형성 등을 위해서 허브 앤 스포크 시스템으로 매장을 출점한다. 2013년 5월 말 기준 서울에 소재한 스타벅스 매장은 총 255개이며 이를 권역으로 구분하면, 강핵 1곳, 중핵 6곳, 약핵 8개로 압축된다. 강핵지역은 종로와 을지로가 만나는 강북의 중심업무지구이다. 그다음으로 주목할 지역은 강남의 테헤란로 일대이다. 작은 중핵지역으로는 종로와 성북구가 만나는 혜화동 일대, 서대문구와 마포구가 만나는 신촌 일대, 영등포와 여의도 일대, 구로구와 금천구가 만나는 디지털단지 일대이다. 스타벅스는 강핵 지역인 종로와 을지로 지역에만 55개의 매장을 출점했다. 이 강핵 지역은 직장인의 유동이 가장 활발한 곳이고 점심 식사 후 아메리카노 한 잔을 어디서나 사 먹을 수 있는 곳이다. 당연히 커피 브랜드 간의 경쟁은 다른 어떤 지역보다 치열하다고 할 수 있다. 스타벅스는 이 강핵 지역의 상권을 장악하고 브랜드를 선점하기 위해 블록당 하나, 심지어 매장을 마주 보게 해 입점시키기도 하였다. 서울 전체 스타벅스 매장 중 22%가 이 강핵 지역에 위치한다.

허브 앤 스포크의 위력을 알 수 있는 대목이 하나 더 있다. 전남 여수와 대전의 집단 감염 사례는 허브 앤 스포크에 의한 코로나 19 감염이 일대일 감염보다 확산 속도가 빠르고 광범위한 것을 알 수 있다. 전남 여수와 대전의 집단 감염 사례를 보자. 전남 여수시 회사 관련 확진자가 증상 발생 기간 중 회사 및 음식점을 방문하여, 동료 및 이용자를 전염시키고 이들이 다시 유치원·학교 등 9개 시설에서 약 40 명의 사람들을 전염시켰다. 이 사건으로 전남 여수에서만 총 96명(회사관련 13명, 음식점 및 주점 관련 41명, 병설유치원 관련 42명)의 확진자가 발생했다.

전남 여수시 회사 관련 집단사례 전파경로

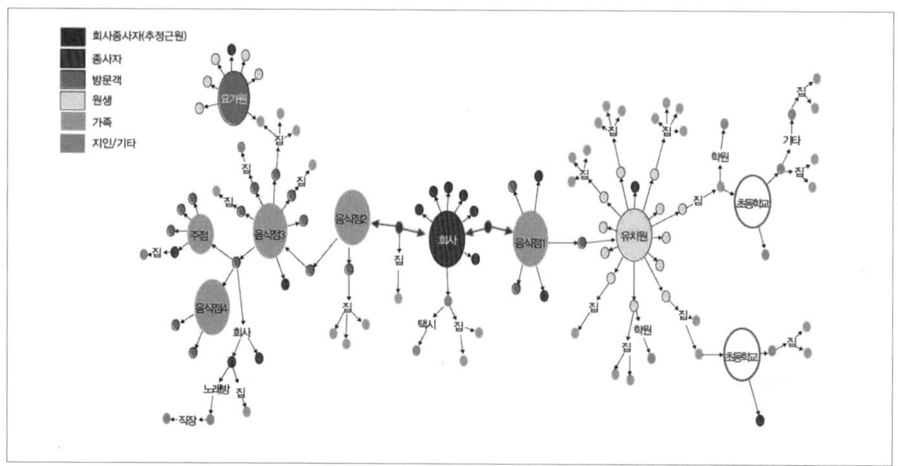

자료: 질병관리청 보도참고자료(배포일 2021. 8. 3)

대전 태권도 학원 관련 확진자는 종사자가 증상 발현 후 확진 판정을 받았는데, 증상 발생 기간 중 지속적 접촉으로 동료 및 원생 75명(전체 발생의 29.5%)을 감염시켰다. 태권도 학원에서 전파된 코로나 19 바이러스는 75명의 동료 및 원생의 가정, 보육 및 교육시설 등으로 추가 전파되어 총 254명(종사자 3명, 원생 72명, 기타 179명)의 확진자를 발생시켰다. 태권도 학원을 운영하는 관장이 증상 발생 기간 중 한 명씩 만나서는 절대 253명 전체를 감염시킬 수 없다. 주요 거점(허브)에서 감염이 확산되면, 다시 스포크를 이용해 감염이 전파되어 총 253명의 감염자가 발생한 것이다.

대전 태권도 학원 관련 집단사례 전파경로

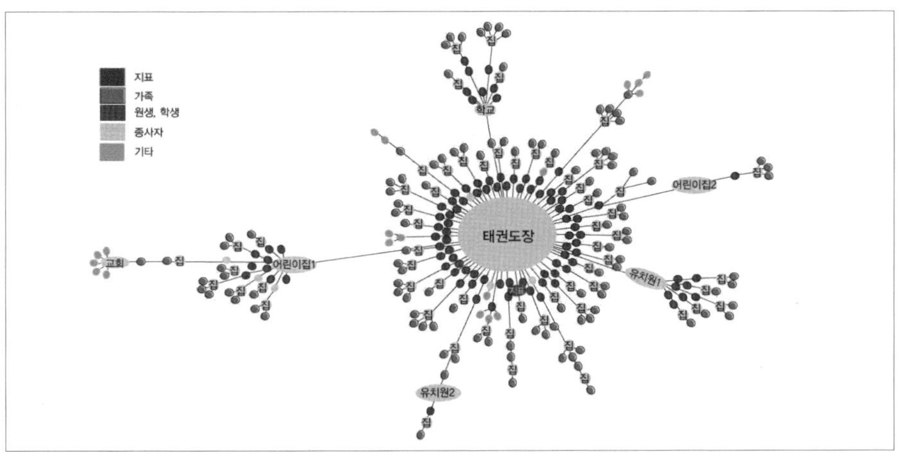

자료: 질병관리청 보도참고자료(배포일 2021. 8. 3)

택배가 내 손에 오기까지

몇 해 전 지하철에서 블루투스(Bluetooth) 헤드폰을 착용해 음악을 듣는 사람들을 보며 부러워한 적이 있다. 저것만 있으면 나도 저렇게 멋진 사람이 될 수 있을 것 같고, 나도 남들에게 부러움을 한 몸에 받을 수 있을 것 같았다. 그래서 중고카페를 통해 블루투스 헤드폰을 구매하기로 하였다.

카페에 가입하고 블루투스 헤드폰을 검색해보니, 다양한 물건이 검색되었다. 너무 비싸고 좋은 것은 필요 없으니, 적당한 품질에 저렴한 것을 고르기로 하였다. 판매자에게 문자 메세지로 연락을 해보니, 다행히 아직 안 팔렸다고 한다. 판매가격 3만 원을 입금하면 택배운송장 번호를 준다고 한다. 일면식도 없는 사람이지만 카페에 아이디가 확실하고 연락처를 알고 있으니 입금을 하기로 했다. 입금을 하니 얼마 안 있어 운송장 번호가 전송되었다. 이제부터 저자는 수화주(受貨主: Consignee)가 된 것이다. 운송장 번호를 조회해 보니, 물건의 판매자(송화주)는 경기도 안산에 사는 사람이었다. 당시 저자가 살던 곳은 경기도 일산이었다.

◆ **택배 배송 조회**

택배배송 조회

CVSnet 편의점택배 | 8603584065 | 조회

상품 인수 > 상품 이동중 > 배달지 도착 > 배달 출발 > 배달 완료

받는 분 : 이** / 경기 고양시 일산동구 | 보내는 분 : 고**

CVSnet 편의점택배 홈페이지 (문의전화 : 1577-1287)

처리일시	현재위치	배송상태
2016.02.02. 09:04:33	**일산동**	**간선하차**
2016.02.02. 09:03:23	일산동	간선하차
2016.02.02. 06:57:53	고촌3CP	간선상차
2016.02.02. 00:57:07	고촌3CP	행낭포장
2016.02.02. 00:56:51	고촌3CP 고촌3CP	간선하차
2016.02.01. 23:01:54	고촌3CP	간선하차
2016.02.01. 21:29:41	부곡4CP	간선상차
2016.02.01. 21:28:37	부곡4CP	간선하차
2016.02.01. 20:50:56	상록	간선상차
2016.02.01. 20:24:36	상록	행낭포장
2016.02.01. 17:42:36	사동대리점	집화처리

자료: 네이버 택배배송 조회

학생들에게 묻곤 한다.

"이 송화주가 수화주에게 물건을 바로 보내는 것일까?"

자그마한 헤드폰이 경기도 내에서 운송될 때도 운송경로는 철저히 허브 앤 스포크(Hub and Spoke)[8] 경로를 따른다. 다음 그림의 택배 배송의 경로를 자세히 살펴보자. 송화주인 헤드폰의 원주인은 안산의 사동이라는 곳에 있는 한 편의점에서 화물을 택배 상자로 포장하고 화물 운송을 의뢰한 것 같다.

8 허브(Hub)란 '바퀴에서 살이 모인 부분' 또는 '활동의 중심, 중추'라고 정의. 스포크(Spoke)는 '차 바퀴의 살'로 정의된다. 자전거 바퀴를 보면 자전거 살들(Spoke)이 한 곳에서 모이는 둥그런 축이 바로 허브(Hub)라 할 수 있다. (이동현, 2000, 세계의 허브를 꿈꾸는 한반도, 문형)

◆ 경기도 안산의 한 편의점

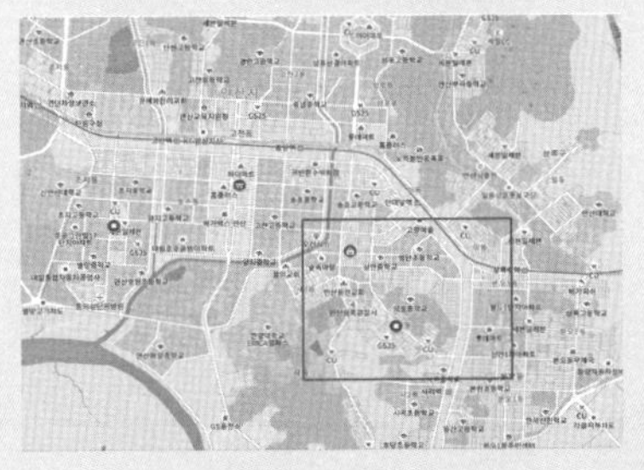

◆ 행낭 포장된 화물은 대리점에서 부곡 물류센터로 옮겨져 간선수송을 준비한다

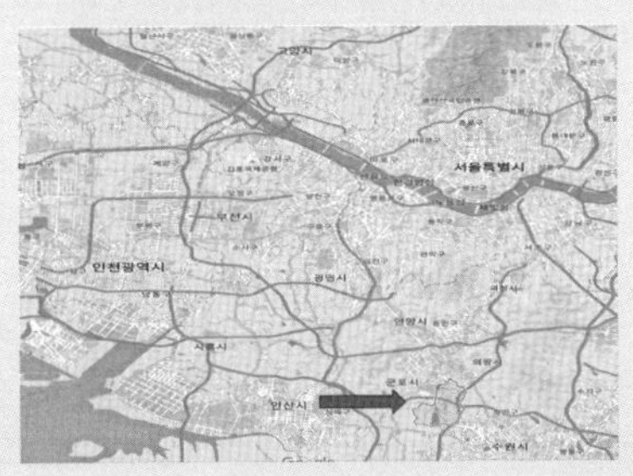

편의점에 접수된 택배화물은 안산 상록에 위치한 택배대리점으로 옮겨져 행낭 포장되었다. 행낭 포장은 '분실 및 파손 위험이 있는 작은 크기의 택배물을 큰 행낭에 재포장하는 과정'을 의미한다. 타인의 화물과 함께 행낭 포장된 저자의 화물은 이제 간선 수송을 위해 부곡4CP로 옮겨진다. 여기서 주목할 것은 안산 상록 택배대리점에서 행낭 포장된 저자의 화물이 곧바로 일산까지 수송되는 것이 아니라 간선수송을 위해 군포시 부곡동의 대형물류센터로 옮겨진다는 것이다. 부곡의 대형물류센터가 경기 남부 지역의 허브 물류센터 역할을 하는 것으로 보인다.

계속 위치를 추적해보자. 택배화물이 부곡4CP에서 김포의 고촌3CP로 옮겨진다. 이제 다른 권역으로 물건이 이동되는 것이다. 부곡과 고촌에서는 무슨 일이 벌어졌던 것일까? 여기에서는 해당 권역의 각지에서 출발한 화물이 모이고, 화물의 최종 목적지를 권역으로 하는 해당 허브로 화물이 보내지는 곳이다. 부곡택배허브터미널에 모인 화물 중에서 일산, 파주 지역으로 보내는 화물의 양이 많을 것이다. 이럴 때 배송용 택배 트럭으로 집집마다 방문해 소량의 화물의 배송하는 것은 비경제적이다. 그럼 어떻게 해야 할까? 대형 택배 트럭을 이용해 대량의 화물을 고촌3CP로 한 번에 이동시킨 후, 다시 소형 택배 트럭에 옮겨 실은 뒤 배송하는 것이 훨씬 더 경제적이다. 그러니까, 부산에서 서울로 가는 사람들이 부산역에 모여서 한꺼번에 KTX를 타는 것처럼, 일정한 권역에서 모인 화물들이 또 다른 권역으로 옮겨가기 위해 부곡4CP와 고촌3CP로 모이는 것이다.

이제 저자의 수화물이 고촌 허브 택배터미널 3CP에 도착했다. 고촌 허브 택배터미널은 서울 강서 지역(강서구, 양평구 등), 인천 서북부 지역, 그리고 일산과 파주 등을 커버하는 물류센터이다. 고촌 허브 택배터미널에 도착한 저자의 수화물은 이제 분류 작업을 거친 후 배송용 택배 트럭에 상차되어 저자의 집까지 안전하게 도착하게 된다.

◆ 택배허브터미널의 모습	◆ 배송용 택배 트럭

	◆대형 택배 트럭

허브 앤 스포크 네트워크 경로를 이용해 화물을 이동시키면 2,000~3,000원 수준에서 택배비가 책정된다. 반면, 안산 사동에 거주하는 송화주가 일산의 수화주와 직거래를 하게 되면, 운송에 들어가는 시간과 비용에 비해 턱없이 적은 양의 화물을 운송하게 되므로 2,000~3,000원 수준의 택배비로는 어림도 없다.

◆ 허브 앤 스포크에 의한 택배화물 이동경로

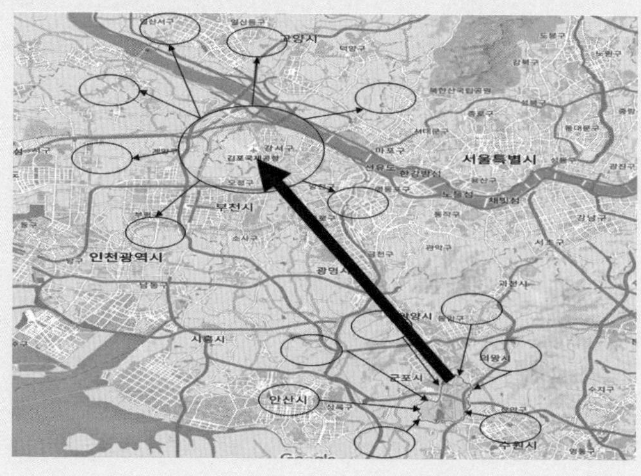

채찍효과와 SCM

1 누가 이 많은 재고를 주문한 것인가?

아이 소아과에 가다가 1층에 있던 동네 슈퍼마켓의 물류창고를 슬쩍 본 적이 있다. 창고 내부에는 슈퍼마켓에서 많이 팔리는 라면과 과자 박스가 혼란스럽게 놓여 있었다. 창고에서 보관하는 재고는 대충 팔릴 만한 제품을 선정하고, 어림잡아 수요를 예측해 도매업체로부터 물건을 가져오는 것 같다. 즉, 과학적으로 재고관리나 수요예측이 이루어지지 않는 것같이 보였다.

얼마 전 '나 혼자 산다'에 마마무의 화사가 김부각을 맛있게 먹는 장면이 나왔다. 그 장면을 본 저자의 와이프는 다음 날 마트에서 김부각을 사려고 헤맨 적이 있다. 아마도 그 장면을 본 다른 여성들도 늦은 저녁에 먹을 안줏거리나 군것질을 위해 김부각을 많이 샀을 것 같다. 아래 그림을 보면 김부각의 주문이 일시적으로 폭주한 것을 알 수 있다. 주목해서 보아야 할 것은 일시적으로 주문이 폭주했다는 것이다. '국민 안줏거리'라고 말할 수 없는 김부각이 일시적으로 주문 폭주 현상을 보였다면 어떤 일이 벌어질까?

김부각의 주문 폭증 현상

배송지연

김부각 주문폭주로 인해

배송이3~4일 이상 지연됩니다.

너그러운 마음으로 양해를 부탁드립니다

자료: 경인일보

김부각이 소비자에게 최종 전달될 때까지의 과정을 생각해보자.

김 양식 업체 → 김부각 생산 업체 → 중간 유통 업체 → 슈퍼마켓 → 소비자

소비자는 슈퍼마켓에서 구매를 하게 되고, 슈퍼마켓은 중간 유통 업체로부터 재고를 공급받게 된다. 중간 유통 업체는 김부각 생산 업체로부터 재고를 공급받고, 김부각 생산 업체는 원재료인 김을 공급받아야 하기 때문에 김 양식업체가 상류(upstream)에 존재하게 된다.

진열해 있던 김부각 재고를 다 팔았는데 김부각을 찾는 손님이 더 있자 슈퍼마켓 사장님은 조바심이 나기 시작한다. 김부각이 부족해 판매 기회 상실을 우려한 슈퍼마켓 사장님은 중간 유통 업체에게 평상시 주문량보다 훨씬 더 많은 양(상자 10개)을 주문한다. 슈퍼마켓 사장님의 주문을 받은 중간 유통 업체는 평소보다 많아진 김부각 주문에 다소 의아해한다. 하지만, 김부각의 대중적 인기가 늘었겠거니 치부하고 김부각 생산 업체에 상자 100개를 주문한다. 당연히 평상시 주문량보다 많은 주문량이다.

생산 업체는 김부각 생산을 더 늘리는 것으로 중간 유통 업체 주문에 대응한다. 김부각 생산 업체는 원재료인 김이 더 필요해져, 역시 평소 주문 양보다 훨씬 더 많은 양을 주문한다. 김 양식 업체는 김부각 생산 업체의 늘어난 주문에 대응하기 위해 양식 규모를 더 늘린다. 다른 어종의 양식은 포기하고 김 양식에만 집중한다.

시간이 얼마 지난 후 김부각의 인기가 사그라들었다. 신상출시 편스토랑에 나온 류수영의 비빔국수와 골뱅이무침이 시청자를 사로잡았기 때문이다.[9] 신상출시 편스토랑을 통해 공개된 류수영의 비빔국수와 골뱅이무침의 레시피(recipe)를 따라 해보기 위해 사람들은 비빔면과 골뱅이 통조림을 사 간다. 동네 슈퍼마켓 물류창고에는 김부각 상자 10개가 덩그러니 놓이게 되고 먼지가 쌓여가기 시작한다. 중간 유통 업체는 동네 슈퍼마켓에 배송한 상자 10개를 제외한 나머지 상자 90개가 재고로 남게 되어 큰 손실을 보았다. 김부각 생산 업체에서 무리하게 늘린 생산량은 고스란히 재고로 보관하게 된다. 김 양식 업체는 한 해 양식을 망쳤다. 다른 어종은 이미 포기했고 김만 산더미같이 남게 되었기 때문이다. 김을 헐값에 팔아 보지만 판매가 쉽지 않다. 연말에 불우이웃돕기에 성금 대신 보낼 수밖에 없다.

리 하우 리 교수는 채찍효과를 설명하기 위해 강의 시간에 직접 채찍을 휘두른다[10]

자료: https://www.youtube.com/

이렇게 유통단계에서 상류(공급자)로 갈수록 수요 변동이 증폭되는 현상을 채

---

9 여기에 등장하는 메뉴들은 어디까지나 예시로 든 것으로, 김부각의 빈자리를 바로 비빔국수와 골뱅이무침이 메꿨다고 말할 수는 없다.

10 저자도 리 하우 리 교수처럼 강의 시간에 허리띠를 풀어 휘둘러 보았지만 스탠포드 학생만큼 열광적인 반응은 없어 무안했다.

찍효과(Bullwhip Effect)라고 한다. 채찍을 휘두르면 채찍을 쥐고 있는 손목의 움직임은 작은 반면, 채찍 끝부분으로 갈수록 큰 폭의 움직임을 보이는데, 여기에 비유하여 붙여진 용어이다. 그런데 많은 교과서에서는 채찍효과의 원인으로 수요 정보의 왜곡을 든다. 보통 교과서에서는 수요 정보의 왜곡을 공급망 상류로 갈수록 주문량이 증가하는 것을 말하는데, 이는 채찍효과의 현상이지 원인이라 할 수 없다.[11] 그리고 왜곡이라는 것은 사실과 다르게 해석하는 것을 말한다. A라는 정보를 듣고 타인에게 B라고 전달해야 정보의 왜곡이 발생하는 것이다.

문제의 발단은 동네 슈퍼마켓이 김부각이 갑자기 많이 팔리자 중간 유통 업체에 추가 주문을 한 것에서 시작한다. 이를 두고 동네 슈퍼마켓의 행동을 문제 삼을 수 있을까? 슈퍼마켓 입장에서는 당연한 행동을 한 것이다. 판매가 늘어나고 재고가 부족하니 주문을 한 것이기 때문이다. 하지만 생산 업체와 양식 업체의 산더미 같은 재고는 어떻게 처리해야 하는가? 생산 업체의 재고 낭비를 방지할 방법은 없을까?

만약 슈퍼마켓이 판매 데이터를 과학적으로 분석하고 유통 트렌드에 민첩하게 대응했다고 해보자. 슈퍼마켓은 김부각 판매가 반짝 늘어난 것에 별다른 대응을 하지 않을 것이다. 일시적인 유행으로 알고 중간 유통 업체에게 과도한 양의 주문을 추가하지 않을 것이다. 중간 유통 업체도 평소 주문량보다 약간 많은 양의 김부각을 생산 업체에 주문하게 될 것이다. 이렇게 되면 생산 업체와 양식 업체 모두 무리하게 생산을 늘리지 않게 될 것이다.

2 일상생활에서 만나는 채찍효과

채찍효과는 우리의 일상생활 특히 인간관계에서 자주 볼 수 있다. A는 남에게 들은 정보를 왜곡해서 타인에게 전달하는 경향이 있다. B는 평소 바다낚시를 즐기는 사람이다. 여기까지 에피소드에 등장하는 인물의 대략적인 소개이다. 다음은

---

11 이에 대해서는 '김수욱(2018)의 황소채찍 효과(박영사)'에서도 자세히 나타난다.

저자가 목격한 대화 장면이다. A가 C에게, B가 바닷가 근처에서 집을 짓는 중이니 C 당신도 인생을 즐기며 살라는 조언을 한 것이다. 그 장면을 목격한 저자는 한참 후 B를 만나 바닷가 근처 집 짓는 것은 어떻게 되어가냐고 물었다. 그러자 돌아오는 대답은 바닷가에 집을 짓는 것은 은퇴 후에 꿈꾸는 로망일 뿐이라며 집을 짓고 있지 않다고 했다. B의 대답을 들은 저자는 혼자 정리를 해보았다. 아마도 A와 B 간에 오간 대화 중에 B가 바다낚시를 좋아하니 나중에 바닷가 근처에서 집을 짓고 살고 싶다고 말한 것 같다. 이 말을 들은 A는 정보를 왜곡해 C에게 전달한 것으로 추정된다. 만약 C가 B에게 미리 준다며 바닷가 근처 전원주택에 어울릴 만한 선물을 집들이 선물이라며 건네준다면 정말 웃긴 일이 될 것이다.

또 하나의 에피소드는 대학 시절로 거슬러 올라간다. 대학 시절 일본 후쿠오카에 견학을 간 적이 있다. 1학년 학생들이 주축이었는데, 당시 대학 4학년이었던 저자가 후쿠오카의 숙소 예약과 비행기 표 예약 등 여행 일정에 관한 제반 업무를 맡았다. 1학년 학생들 중 견학 참가 희망자를 조사해 여권을 만들게 했다. 여행사에 비행기 표를 예약하고 1인당 20만 원을 선입금하도록 안내했다. 여행사에서 알려준 일정과 교수님께서 추가한 일정 등을 종합해 최종 일정을 1학년들에게 공지했다. 후쿠오카와 큐슈 지역의 유통·물류 시설을 견학하고 큐슈의 한 사립대학도 방문하는 일정이었다.

얼마 후 견학 참가자 한 명에게 연락이 왔다. 이번 견학 일정 중에 도쿄에도 방문하게 되냐는 문의였다. 얼마 전 일정에 대해 분명히 공지했는데 저자는 황당하였다. 이 소문의 근원을 파악해보니 대충 몇몇 학생들 사이에서 우리가 도쿄에도 방문하는 것이라는 소문이 돌았다고 한다. 저자는 1학년 후배를 다그쳤다. 도쿄에 방문하지 않는다고 다시 공지했다.[12]

만약, 이 학생들 중 이번 견학 일정에 도쿄에 방문하는 줄 알고 도쿄의 맛집 리스트를 검색해놨다거나, 심지어 도쿄에서 자유롭게 대중교통을 이용할 수 있는 1일 패스권을 미리 구매해놨다면 큰일이다. C가 집들이 선물을 샀거나 당시 1학년 학생들이 도쿄의 1일 패스권을 구입했다면 분명히 왜곡된 정보로 채찍효과가 발

12 도쿄와 후쿠오카 사이의 거리는 1,092.2 ㎞로 차로 이동하는 데 13시간이 소요된다.

생한 것이 된다. 그렇다면, 수요 정보 왜곡에 의한 채찍효과를 방지할 수 있는 방안은 무엇일까? 개개인이 정보를 왜곡하지 말아야 하고 타인에게 정보를 온전히 전달해야 한다.

그런데 화사의 김부각 사례에서 전달되는 정보가 왜곡된 것은 없다. 고객들의 주문이 증가하니 슈퍼마켓은 중간 유통 업체에 주문을 추가한 것밖에 없다. 소비자가 생산 업체에서 벌어질 채찍효과를 걱정해 먹고 싶은 김부각을 슈퍼마켓에 요청하지 말아야 하는 법도 없다. 그래서 채찍효과의 원인으로 수요 정보의 왜곡을 들기는 어렵다. 오히려 '수요 정보의 과학적 분석의 결여'와 '수요 정보의 착시'가 더 적합한 원인이라고 할 수 있다. 앞서 살펴본 사례에서 소매 업체, 유통 업체, 생산자 모두 공통된 실수가 있다면 그것은 주문 정보의 이면(裏面)을 보지 않았던 것이다. 그리고 공급망 하류에서 전달받은 정보를 의심하지 않고, 마치 김부각이 선풍적인 인기를 끌고 있다고 착각한 것이다. 김부각 소매 업체가 소비자로부터 받은 주문 정보를 과학적으로 분석해 그 결과를 유통 업체, 도매 업체, 생산 업체, 양식 업체와 공유한다면 생산 업체와 양식 업체의 막대한 재고를 방지할 수 있을 것이다.

이를 해결하기 위해 김부각 생산과 유통 단계참여자 간 가상의 경영 조직이 필요하다. 그것이 바로 공급사슬관리(혹은 공급망관리, SCM: Supply Chain Management)라는 개념이다. 다음 장에서 공급사슬관리 개념을 자세히 살펴보자.

3 가치사슬과 공급사슬

마이클 포터가 제시한 가치사슬(Value Chain)은 기업 내 제품 흐름에 대해 가치를 부가하는 일련의 활동을 주 활동(혹은 본원적 활동, primary activities)과 지원활동(support activities)으로 나누고 각각의 부문에서 가치를 창출하는 요인을 분석할 수 있는 개념이자 경영분석의 틀이다. 주 활동은 제품의 생산, 운송, 마케팅, 판매, 물류, 서비스 등과 같은 현장 업무를 의미하며, 지원활동은 구매, 기술개발, 인사, 재무, 기획, MIS 등 현장 활동을 지원하는 업무를 의미한다.

포터는 개별기업의 활동에 국한한 가치사슬에서 외부 기업들과의 연결을 통해 확장된 가치사슬(extended value chain) 개념을 제안했는데, 확장된 가치사슬은 다시 확장된 기업(extended enterprises)이라는 개념으로 발전한다.[13] 확장된 기업이란 시장에서 제품이나 서비스를 제공하기 위해 연결된 독자적인 기업들의 네트워크를 의미한다. 예를 들어 맥도날드와 관련된 확장된 기업에는 맥도날드의 광고대행사, 식자재 및 주방 용품 공급업체, 빌딩 서비스 업체, 공공서비스 제공 업체, 해피밀 장난감 디자인 업체 등이 있을 수 있다. 따라서, 맥도날드와 관련된 확장된 기업의 유기적인 협력이 맥도날드의 서비스 성패를 결정한다고 해도 과언이 아니다. 한편, 확장된 기업은 공급사슬관리와 매우 유사한 개념이라 할 수 있다. 맥도날드가 햄버거를 소비자에게 제공하기 위해 여러 단계의 유통 과정을 거치게 되는데, 맥도날드 유통망 전체에 참여하는 개별 기업 간의 연결과 네트워크를 공급사슬관리로 볼 수 있기 때문이다.

그렇다면 확장된 기업과 공급사슬은 어떻게 다른지 살펴보도록 하자. 확장된 기업의 개념에는 최종 제품과 관련된 여러 기업과 그 서비스의 집합체를 의미한다고 할 수 있다. 그런데, 공급사슬 개념에서는 최종 제품이 생산되고 유통되기까지 일련의 단계를 구분해 인식한다고 할 수 있다. 이마트에서 세제를 구입한다고 해보자. 고객이 세제를 구입하러 이마트 매장에 갈 경우, 공급사슬은 세제를 구매하고자 하는 고객의 니즈(needs)에서 시작된다. 공급사슬의 다음 단계는 고객이 방문하는 이마트 매장이다. 이마트는 자체적으로 혹은 제3자가 운영하는 물류 센터와 배송 차량을 이용하여 완제품 재고를 매장으로 배송한다. 완제품을 생산하는 업체(가령 P&G)는 해당 제품의 생산을 위해 여러 공급 업체로부터 필요한 원자재를 구매한다. 다시 이들 공급 업체들은 필요한 원자재를 공급받는다. 이러한 모든 구성원을 포함하고, 완제품이 최종 생산되고 판매되기까지를 일련의 순서로 구분하는 것이 공급사슬이라 할 수 있다.

---

13 권오경(2010), 공급사슬관리(박영사)

공급사슬의 예시

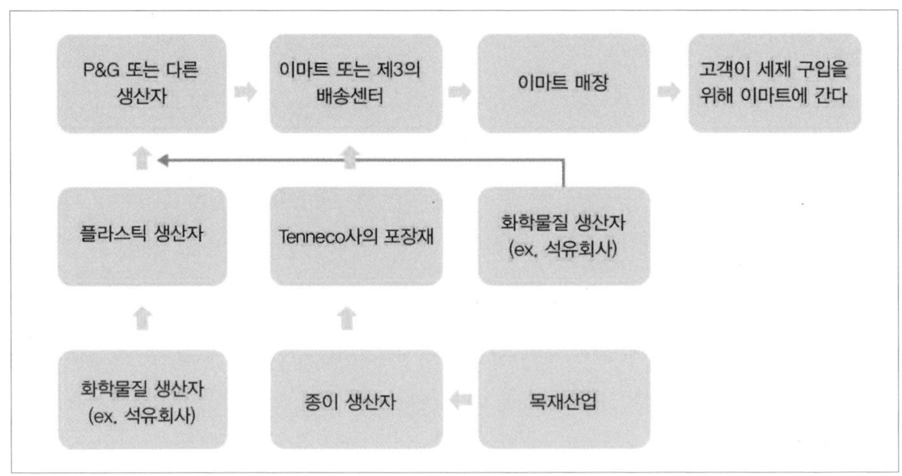

자료: 권오경(2010)의 전게서

공급사슬은 이제 물류를 대체하는 개념으로 사용된다. 완제품이 생산되고 판매되기까지는 원자재의 조달, 공장에서의 생산, 유통 단계, 소매점을 필요로 하는데, 각 단계에서 모두 화물의 물리적인 흐름이 발생한다. 그리고 최근 물류에 있어 중요한 요소인 정보가 공급사슬에서 공유된다. 공급사슬은 최상류의 원자재 공급자와 가장 밑단의 고객에 이르기까지 발생하는 화물과 정보, 그리고 재무의 흐름을 관리하는 것이라 할 수 있다.

4 글로벌 가치사슬(Global Value Chian: GVC)

세계 경제의 통합과 수직적 분업화는 '글로벌 가치사슬'을 동반하였다. 이는 국가 간 거래가 최종제품 중심에서 원·부재료로 사용되는 중간재 비중이 크게 확대되는 현상을 말한다.[14] 앞서 살펴본 가치사슬이 초국가적으로 이루어지고, 교역의 대상이 최종재에서 원·부재료 혹은 중간재가 되며, 이 원·부재료와 중간재를

14 권태현(2020), 산업연관분석(청람)

가공 및 조립해 최종 제품이 생산되는 현상을 '글로벌 가치사슬'이라고 한다.

아래는 글로벌 가치사슬에 의한 항공기 생산을 보여준다. 미국에 본사를 두고 있는 대표적인 항공기 제작 업체 보잉(BOEING) 사(社)가 항공기 생산의 전 과정을 담당해, 보잉 항공기는 'Made In USA' 제품으로 생각할 수 있다. 그러나, 보잉 항공기의 구성 요소별 원산지를 살펴보면 다국적으로 구성된 것을 알 수 있다. 따라서, 보잉 항공기는 'Made In USA'가 아니고 'Made In the World' 제품인 것이다.

글로벌 가치사슬의 예시

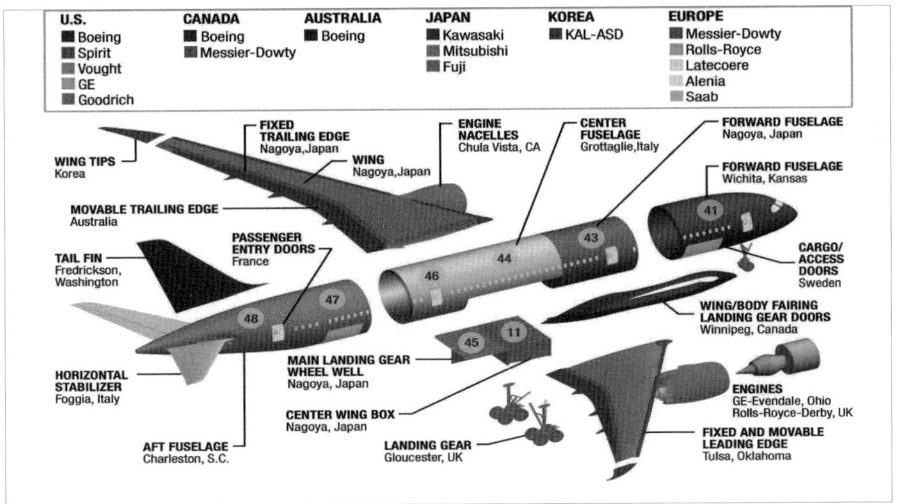

자료: https://twitter.com/onshape/status/578938280948854784

아이폰 6의 뒷면에 이러한 문구가 적혀있었다.[15]

"Designed by Apple in California, Assembled in China."

미국 캘리포니아에 위치한 애플 본사에서 아이폰의 디자인을 맡고, 조립은 중국에서 이루어진다는 의미이다. 아이폰의 조립을 담당하는 수탁 가공 업체는 대만

15 아이폰 7부터는 이 문구가 사라졌다.

의 폭스콘(Foxconn)이라는 업체로 중국 선전 등에 공장을 운영한다.

GVC의 대표적인 사례, 아이폰과 조립공장(폭스콘)

자료: https://awildgeographer.wordpress.com/

애플의 아이폰 부품 공급업체 리스트에는 전 세계 200여 공급 업체가 포함되어 있다. 대표적인 부품의 공급업체를 살펴보면, 디스플레이는 일본의 재팬디스플레이와 샤프가 생산한 제품을 주로 사용한다. 터치 ID 센서는 대만의 TSMC(Taiwan Semiconductor Manufacturing Company)와 진테크(Xintech)가 생산한 제품들이다. 이 외에도 일본의 소니가 생산한 카메라와 삼성전자가 생산한 배터리, 대만 TSMC가 생산한 DRAM 등이 아이폰 부품으로 공급된다.

아이폰 부품별 제조회사

어떤 회사가 어디에서 아이폰을 만들고 있을까?

애플 기기의 개별 부품들을 더 자세히 살펴보겠다. 구체적으로 애플 아이폰 제품군이다. 다음은 아이폰 5s와 6에 들어가는 부품들이다.

▶ 가속도계: 보쉬(Bosch, 독일).
▶ 오디오 칩셋 및 코덱: 시러스 로직(Cirrus Logic, 미국, 생산을 아웃소싱).
▶ 베이스밴드 프로세서: 퀄컴(Qualcomm, 미국, 생산을 아웃소싱).
▶ 배터리: 삼성(Samsung, 한국).
▶ 카메라: 소니(Sony, 일본). 미국의 옴니비전(OmniVision)이 대만의 TMSC에 생산을 하도급 하는 방식으로 앞면의 페이스타임(FaceTime) 카메라 칩을 생산.

▶ 칩셋 및 프로세서: 삼성(한국)과 TSMC(대만). 미국의 글로벌파운드리스 (GlobalFoundries)와 제휴 방식.
▶ 컨트롤러 칩: PMC 시에라(Sierra) 및 브로드콤(Broadcom Corp). 둘 모두 미국, 그리고 생산을 아웃소싱.
▶ 디스플레이: 재팬 디스플레이 및 샤프(일본).
▶ DRAM: TSMC(대만).
▶ 지문 인증 센서: 어센테크(Authentec)가 대만에 생산을 아웃소싱, 중국에서 조립.
▶ 플래시 메모리: 도시바(Toshiba, 일본)와 삼성(한국).
▶ 자이로스코프: STMicroelectronics(프랑스와 이탈리아).
▶ 유도 코일(오디오): TDK(일본).
▶ 메인 섀시 조립: 팍스콘(Foxconn)과 페가트론(Pegatron), 중국.
▶ NFC 같은 혼합 신호 칩: NXP(네덜란드).
▶ (아이폰 5c용)플라스틱: Hi-P 및 그린 포인트(Green Point, 싱가폴).
▶ RF 모듈: 대만의 윈 반도체(Win Semiconductor)-모듈 제조는 Avago 및 RF Micro Devices. 미국의 Abago 테크놀로지스 및 트리퀸트 반도체(TriQuint Semiconductor).

자료: http://www.itworld.co.kr/

글로벌 가치사슬이 세간의 화제가 된 사건이 있다. 바로 2019년 7월 일본이 무역 보복 사건이다. 사건의 발단은 2019년 우리 대법원이 일본제철에 강제 징용 소송 배상 판결을 내리고, 해당 기업의 자산 압류 및 매각 명령을 내리면서부터이다. 이에 일본 경제산업성은 2019년 7월 1일 우리나라에 대한 수출 관리 규정을 개정하여 반도체, 디스플레이 공정 과정에 이용되는 플루오린 폴리이미드, 불화수소, 포토 레지스트 등 3개 품목에 대한 수출 규제를 7월 4일부터 시행할 것이라고 발표한다. 또한 우리나라를 외국환과 외국무역관리법에 따른 신뢰할 수 있는 대상인 '화이트 리스트' 국가 목록에서 제외하기로 하고, 시행령의 개정을 위해 의견을 모을 것이라고 발표한다.

2019년 7월 4일, 일본은 반도체 관련 3개 품목에 대해 '대한(對韓) 수출 규제'를 발동하였다. 규제 이전에는 일본이 대한민국에 해당 3개 품목의 수출에 대해 한 번 포괄적으로 허가를 받으면 3년 간 허가 심사를 면제하는 식으로 운영했으나, 규제 이후 이러한 우대 조치를 철폐하고 일본에서 우리나라로 수출할 시 일본 경제산업성에서 수출 심사를 품목별로 일일이 받아야 한다. 수출 심사에 일반적으로 90일 정도가 소요되지만, 제품에 따라 심사 기간이 더 길어질 수도 있는 것으로 나타났다. 이러한 제재에 대해 일본은 공식적으로 안전상의 이유를 제시하였으나, 우리나라에서는 일본 기업에 대한 강제 징용 배상 판결의 보복 조치로 해석하고 있다.

이 사건을 계기로 반도체 가치사슬(혹은 반도체 공급망)이라는 용어가 정부의 발표문과 언론 보도 등에서 등장하기 시작하였다. 저자는 글로벌 가치사슬과 글로벌 공급망이 의미 차이가 있다고 생각하지만, 대체로 언론 등에서 두 용어를 동의어로 사용하고 있다.

한편 대외경제정책연구원은 글로벌 가치사슬과 글로벌 공급망을 이렇게 설명하는데, 먼저 글로벌 가치사슬은 제품 공정별로 어느 국가나 기업이 얼마만큼의 부가가치 생산을 담당하는지에 초점이 있다면, 글로벌 공급망은 제품이 차질 없이 생산되어 제품이 제때 원하는 만큼 공급이 되는지에 초점이 맞추어져 있는 것이라고 설명한다. 보통 언론 보도에서는 원자재-부품 공정-중간 공정-최종 생산 단계의 글로벌 가치사슬 중 어느 한 나라가 생산을 차질을 빚게 돼, 후속 공정에까지 영향을 미치면 'GVC 한계 혹은 ◯◯국 주도의 GVC에서 벗어나야 한다'고 표현한다. 이를 보면 글로벌 가치사슬은 '전 세계로 분업화된 생산'에 초점이 맞추어져 있다고 볼 수 있을 것 같다. '글로벌 공급망'이라는 표현을 쓰는 상황은 보통 특정 항만의 적체 현상으로 부품 및 상품 공급이 원활하지 않을 때, 요소수 품귀로 화물 차량이 운행을 중단하고 물류가 마비되는 현상을 보일 때 흔히 '글로벌 공급망의 위기'라는 표현을 쓴다. 따라서 글로벌 공급망은 '화물의 물리적인 흐름, 즉 물류'에 초점이 맞추어져 있는 것 같다.

그렇다면 일본의 경제 보복 사건은 반도체 공급망 위기를 보여주는 것이 아니라 일본에 높은 의존도를 보이는 우리나라 반도체 가치사슬의 한계나 위기를 보여주는 것이라고 표현해야 더 정확한 표현일 것 같다.

골프채에서 발견한 GVC

골프 구력 2년 반 만에 135만 원의 거금을 들여 아이언 세트를 구매했다. 그간 입문할 때 레슨 프로에게 산 무거운 중고채를 쓰다가 큰 마음을 먹고 투자를 한 것이다. 이번에는 실패하면 안 된다는 마음에 골프채 결정에 심사숙고했다. 일단은 지인들에게 수소문해 어느 브랜드가 좋은지 알아보았다. 성능에 대해서도 공부했다. 같은 스윙 스피드로도 공이 멀리 갈 수 있는 요인은 헤드의 로프트 각도(loft angle)라는 것을 알게 되었다. 마음에 드는 브랜드와 클럽[16]이 있어 유튜브를 통해 사용 후기를 시청했다. 스윙 스피드는 샤프트(shaft)[17]의 강도와 중량이 결정하는데 너무 무겁지도 않고 너무 가볍지도 않은 중량에, 약한 강도의 채를 휘둘러보니 나에게 안성맞춤이었다.

막상 채를 사보니 클럽의 브랜드에서 만든 것은 헤드뿐이었다. 그립(골프채의 손잡이 부분)과 샤프트는 저마다 해당 부품의 유명 업체에서 만든 것이었다. 그립은 골프 프라이드(Golf Pride) 제품이었고, 샤프트는 일본의 NS(Nippon Steel) 제품이었다. 왜 클럽 브랜드는 클럽의 헤드만 생산하는 것일까?

◆ 골프 클럽의 헤드, 샤프트, 그립 예시

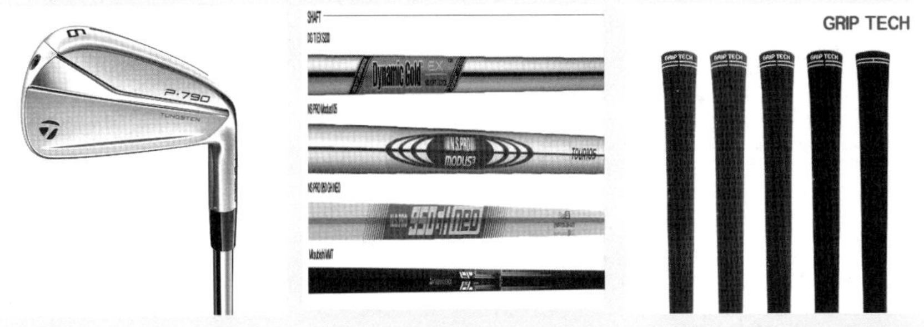

자료: 테일러메이드 홈페이지, 티몬

전 세계적으로 그립은 골프 프라이드, 이오믹(Iomic), 슈퍼스트로크(Super Stroke)가 유명하다. 샤프트는 일본 제품이 범용적이다. 아이언의 경우 국내 아마추어 골퍼들의 '국민 샤프트'는 NS라 할 수 있다. 또한 타이거 우즈가 사용하는 텐세이(Tensei)와 국내에도 많은 아마추어 골퍼의 드라이버에 장착되어 있는 Tour AD도 널리 알려져 있다.

---

16 골프채를 보통은 클럽이라 부른다.

17 골프채에서 헤드와 손잡이를 연결해주는 쇠 부분이라고 생각하면 된다.

참여정부 시절 FTA 전도사를 자처하던 김현종 당시 통상교섭본부장이 한일 FTA를 백지화한 이유가 일본이 소재·부품·장비 산업[18]에 있어 절대적인 우위를 차지하고 있었기 때문이라고 한다. 한일 FTA 체결 이후 우리 소부장 산업이 받을 타격이 너무 클 것을 우려했기 때문이다. 골프 클럽의 소부장인 샤프트 역시 일본 제품이 최고의 품질을 보유하고 있다. 때문에 타이틀리스트, 테일러메이드, 캘러웨이 등 골프 클럽 브랜드는 자신들이 가장 잘 만들 수 있는 헤드 생산에만 집중하고, 나머지 부품은 모두 전문 제작 업체의 제품을 사용하는 것이다.

18 흔히 소부장 산업이라고 한다.

5장

컨테이너가 앞당긴 세계화

1 컨테이너는 세계화를 싣고

컨테이너가 오늘날의 세계화에 큰 공을 세웠다는 사실을 많은 사람들이 알지 못한다. 컨테이너선이 보편화되기 전의 해상운송 활동을 상상해보자. 한국, 일본, 대만 등지에서 생산한 화물이 미국, 유럽, 남미 등에 수출되기 위해서는 종이 상자에 화물을 포장해 열악한 일반 화물선에 적재해야만 했을 것이다. 당연히 해상운송 과정에서 배의 흔들림으로 화물이 충격을 받거나 훼손되는 일이 많았고 이는 제품의 고장으로 연결되었을 것이다. 무엇보다 제품 포장지의 훼손으로 최종 소비자는 제품의 품질을 신뢰하지 않았을 것이다. 게다가 당시 해상운송의 약 절반이 인건비였다. 선박에 실려 있는 화물을 하역하기 위해 수십 명의 항만 노동자가 필요했기 때문이다. 이렇게 불편한 해상운송 과정 때문에 당시 선진국이었던 미국도 공산품 소비를 자국 내에서 해결해야만 했다.

하지만 컨테이너의 보급과 전용 선박의 개발은 세계를 작게 만들었고 교역의 빈도와 규모를 증대시켰다. The Box(How the Shipping Conainer Made the World Smaller and the World Economy Bigger)의 저자 마크 레빈슨은 '컨테이너'가 없었다면 '세계화'는 물론이고 '공급사슬' 같은 단어도 존재하지 않았을 것이라 말한다.

2000년대 초반 미국의 한 프리랜서 기자는 '메이드 인 차이나 없이 살아보기'(A Year Without Made in China)라는 프로젝트를 실험했는데, 실험 도중 프린터 잉크가 떨어져 기자를 통한 생계가 위협받는 일이 벌어졌다. 기자의 어린 자녀에게 중국산 장난감을 못 갖고 놀게 하자 생떼를 쓰며 눈물을 흘리는 장면이 나온다. '세계의 공장' 중국에 전 세계가 얼마나 의존하고 있는지를 보여주는 대목이라 할 수 있다. 그러나 '컨테이너'가 없었다면 세계화가 이렇게 급속도로 광범위하게 진전될 수 없었을 것이며, 지금처럼 전 세계가 '중국산'에 의존하지도 못했을 것이다.

얼마 전 페루의 한 할머니가 30년이 된 LG의 전신인 럭키금성 사(社)의 세탁기를 2022년 현재까지 사용하고 있다는 기사가 보도되어 화제가 된 적이 있다. 한국과 페루 간 직항 항공노선이 2013년에 생겼을 정도이니, 당시에는 양국 간 인적 교류가 거의 전무했을 것이다. '한 번도 가보지 않은 나라', '교과서에서 한 번 본 나라', '북한과 구분이 어려울 수 있는 대한민국'에서 생산한 물건을 지구 반대편인 페루의 한 여성이 사용할 수 있게 된 것도 결국 컨테이너가 세계화 시대를 열었기 때문이다.

이 외에도 한국의 소비자가 미국 현지에서 판매하는 한국산 가전제품을 '해외직구'한다. 해외 직구한 한국산 가전제품이 한국의 소비자에게 배송되면, 이 제품은 태평양을 두 번이나 건넌 셈이다. 컨테이너로 과거에 상상할 수 없는 일들이 벌어지고 있다.

베트남으로의 수출을 위해 선적 중인 버스	1960년대 수출 상품 선적

자료: http://www.mhj21.com/124755	자료: http://encykorea.aks.ac.kr/

2 만약에 컨테이너가 표준화되지 않았다면

19세기 후반부터 미국과 유럽의 많은 운송 업체들이 박스 형태의 운송을 시도했다. 그러나 문제는 박스의 모양과 규격이 제각각이라는 것이었다. 나라마다, 운송 수단마다 사용하는 상자의 규격이 제각각이고, 기업들도 고객을 '잡아두기 위한 수단'으로 상자의 표준화를 거부했다. 회사마다, 운송 수단마다 다른 규격의 상자를 이용해 화물을 취급하다 보니 화물의 처리 속도가 늦기 일쑤였다. 화물을 상자에 담느니만 못했다.

그런데 오늘날 '컨테이너의 아버지'로 불리는 말콤 맥린(Malcom McLean)은 선박과 트럭이 함께 사용할 수 있는 컨테이너 개발에 박차를 가했다. 그는 바다와 육지를 아우른다는 차원에서 해운회사 이름을 Sea-Land로 하고, 1956년 최초의 컨테이너선 운항에 성공한다. 세계 최초 컨테이너선의 운항은 '뉴저지-휴스턴 구간'이었다. 그러나 맥린이 개발한 컨테이너는 다른 회사들에게는 큰 관심 사항이 아니었다.

본격적으로 말콤 맥린이 개발한 컨테이너가 각광을 받기 시작한 것은 베트남전쟁 때였다. 1960년대 미군은 항만 시설이 열악한 베트남에서 군수품일 일일이 하역하는 데 많은 시간을 들였다. 맥린은 직접 베트남을 방문해 미군 장성들을 설득하기 시작했다. 컨테이너 사용이 가져오는 편리함과 작업 효율성 증대에 감탄한 미군은 다른 해운회사에도 맥린이 개발한 컨테이너 사용을 권장했다. 이로써 하루아침에 미국의 '컨테이너 표준화'가 이루어지게 되었다.

미국은 컨테이너의 표준화를 이루어냈지만, 전 세계에 유통되는 컨테이너는 표준화까지 수년이 소요됐다. 다행히 당시 대형 해운회사들이 대부분 미국 회사였고, 미국은 이미 컨테이너 표준화를 이뤄놓았기 때문에 미국이 제시한 컨테이너 규격이 전 세계 컨테이너의 표준화로 자리 잡게 되었다. 만약 컨테이너가 오늘날에도 표준화되지 않은 채, 나라마다 사용하는 컨테이너의 종류와 크기가 다르다면 어떤 일이 벌어졌을까? 아마도 세계화의 속도가 10년 아니 20년은 느렸을 것이다.

샤워기 헤드의 표준화

거실 화장실 샤워기 헤드가 고장 나서 샤워기 헤드를 사러 갔다. 대형 마트 욕실 용품 코너 한편에 다양한 종류의 샤워기 헤드가 진열되어 있었다. 몇 해 전 방송인 허지웅 씨가 미우새(미운 우리 새끼)에서 사용했을 법한 수압이 높은 샤워기 헤드도 있었다. 무수히 많은 종류의 샤워기 헤드 중 무난하고 저렴한 것을 골랐다. 문득 이 샤워기 헤드와 우리집 화장실 샤워기 호스 간 결합이 맞는 것인지 궁금했다. 아무리 좋은 샤워기 헤드를 사도 화장실 샤워기 호스와 결합이 맞지 않는다면 소용이 없기 때문이다.

샤워기 헤드마다 크기가 다르다면 구매하기 전에 기존에 사용하던 샤워기 헤드의 크기를 알아야 한다. 도로 집에 가서 샤워기 헤드의 길이를 줄자로 재어야 하나 걱정이 되었다. 진열되어 있는 샤워기 헤드와 호스를 무작위로 이종 결합해보았다. 어떠한 경우의 수도 결합에 무리가 없었다. 저자가 내린 결론은 샤워기 헤드와 호스의 사이즈는 적어도 우리나라에서만큼은 통일되어 있다는 것이었다. 즉, 샤워기 헤드는 적어도 우리나라에서만큼은 표준화되어 있다고 볼 수 있는 것 같다.[19]

◆ 다양한 모양의 샤워기 헤드, 그러나 접속 부분은 크기가 통일되어 있다

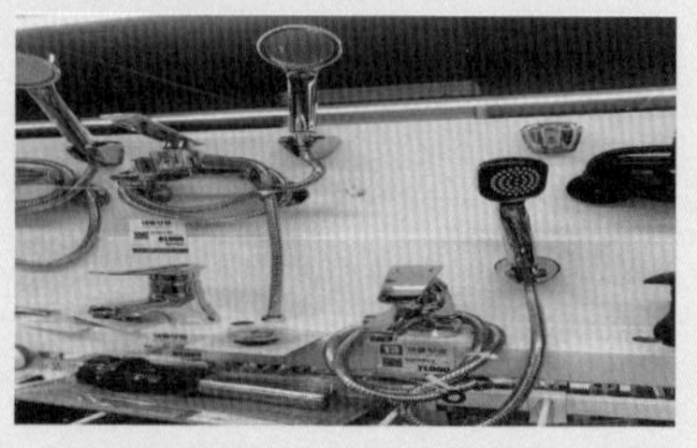

만약, 샤워기 헤드와 호스의 크기가 제각각이라면 일이 번거로워진다. 도로 집에 가서 사용하는 샤워기 헤드의 크기를 재어보아야 하고, 동일한 크기의 샤워기 헤드를 구매해야 하기 때문이다. 아마도 우리나라의 표준 업무를 총괄하는 부서에서 샤워기 헤드의 크기가 상이할 경우 발생하는 소비자들의 불편함을 사전에 인지하고 샤워기 헤드를 표준화한 것으로 짐작된다. 이 외에도 우리 생활 속에서 표준화된 제품은 다양하다. 대표적으로 A4 용지와 USB가 이에 해당한다. 만약 나라마다 사용하는 USB의 크기가 다르다면, 해외 바이어들에게 마케팅 프리젠테이션을 해야하는 해외영업팀 직원은 발표 자료를 CD에 담아가야만 한다.

---

19 표준화란 사물, 개념, 방법 및 절차 등에 대하여 합리적인 표준(standard)을 설정하고, 이를 따르고 활용하기 위한 규칙, 지침, 가이드 등을 만드는 행위를 뜻한다.

표준화가 나라마다 혹은 제품 유형마다 구별되는 경우도 있다. 아이폰과 안드로이드 휴대전화에 따라 다른 충전기 케이블, 나라마다 다른 전기 콘센트 정도가 제품 유형 혹은 나라별로 구별되는 표준화의 예이다. 아이폰 사용자가 카페에 휴대전화 충전을 의뢰한다고 할 때, 안드로이드형 휴대전화 충전 케이블만 보유한 카페에서는 충전이 어렵다. 또한, 우리나라와 유럽은 220볼트 콘센트를 사용하고, 미국, 일본, 캐나다는 110볼트를 사용한다. 이 외에도 나라마다 사용하는 콘센트는 다양하다. 따라서, 해당 국가를 여행하기 전에 미리 전기 콘센트를 알아야 한다. 이렇듯 표준화는 국가마다 제품마다 구별되는 경우가 있다.

화물 포장 용기의 표준화는 화물의 원활한 유통을 위해 꼭 필요하다. 화물은 국내에서만 유통되는 것이 아니라 국제적으로도 유통되기 때문에 물류에서는 화물 포장 용기의 표준화를 통해 상호 운용성 확보가 중요하다. 화물 차량이 싣고 달리는 컨테이너. 색상과 회사의 로고는 제각각이지만 그 크기는 가로 2,352mm, 세로 5,898mm, 높이 2,390mm(20피트 컨테이너)와 가로 2,352mm, 세로 12,032mm, 높이 2,390mm(40피트 컨테이너)로 전 세계 어디에서든 똑같다.

maritime_logistics_digest

2부

원리로 이해하는 해운물류

6장

해운과 조선의 관계

1 조선강국 코리아

우리나라는 수출 강국이다. 우리나라가 수출 강국이 되게 해준 품목이 몇 가지 있는데, 반도체, 선박과 자동차, 핸드폰, 철강, 석유 등이 그것이다. 이 중에서 선박은 오래전부터 부산과 경남의 지역경제를 뒷받침하고 우리나라가 수출주도형 국가로 우뚝 설 수 있도록 큰 기여를 한 품목이다. 우리나라 빅 3 조선업체인 대우조선해양, 한국조선해양[1], 삼성중공업은 세계적으로도 손꼽히는 조선소이다. 조선업의 경기는 일감이 많을 때와 적을 때가 반복된다. 조선업이 초호황을 맞은 2007년에는 서울대 조선공학과 졸업생이라면 학사경고를 맞았더라도 현대중공업에 취업을 했다는 말이 전해진다. 조선업 경기가 살아나면 선주들은 우선 많은 선박 건조를 조선소에 의뢰하게 된다. 그러면 조선소의 매출이 오를 것이고, 조선소는 많은 인력을 채용할 수 있게 된다. 우리나라 전체의 수출 실적도 오른다. 우리 조선소가 외국의 선사로부터 선박 건조 계약을 체결했다는 낭보를 들으면 우선 반가운 마음이 든다.[2]

1 현대중공업의 지주회사.

2 요즘 말로 '국뽕'에 취한다.

2 전·후방 연관산업

조선업은 우리나라의 수출을 주도하고 부산, 울산, 경남의 지역경제를 뒷받침하는 일등 공신이지만 해운업에게는 을의 위치에 처한다. 조선소에 있어 해운회사는 VIP 고객이나 다름없다. 만약 해운이 존재하지 않는다면, 조선은 존재할 수 없다. 반대로 해운이 존재하기 위해서 반드시 조선이 존재해야 한다. 해운업과 조선업같이 전체 생산 흐름에서 앞 뒤에 위치한 사업의 관계를 전·후방 연관산업이라고 한다.

전후방 연관산업의 예를 카카오톡 사례를 통해 알아보자. 모든 직장인이 '넵병'에 걸렸다는 말이 있을 정도로 쉴 새 없이 카톡을 통한 업무 지시가 이어진다. 저자도 매번 '네 알겠습니다'나 '넵'같이 단조롭게 메시지를 보내니 건조한 것 같아서 가끔 이모티콘을 함께 보낸다. 최근에는 카카오톡 이모티콘이 한 달간 무료 서비스를 제공해 재미난 이모티콘을 꼭 찾아서 함께 보낸다.

카카오톡에 이모티콘을 제공하는 이모티콘 전문 제작 업체가 있다. 전문 제작 업체뿐만 아니라 유튜브에서는 개인이 이모티콘을 제작해 카카오에 제안해 승인을 받아서 출시했다는 사례를 많이 접할 수 있는 것을 보면, 이모티콘 제작 산업이 이미 형성되었다고 볼 수 있다.

이모티콘 제작 산업은 SNS 기반의 플랫폼 산업에 있어 전방 산업에 해당한다. SNS가 있어 이모티콘 제작 산업이 생겨날 수 있었기 때문이다. 또한, SNS 플랫폼 산업의 후방 산업은 스마트폰 제작 산업이 될 수 있다. 사람들이 스마트폰을 사용해야 이를 통해 SNS에 접속할 수 있기 때문이다. 다음 그림은 자동차 제조업을 중심에 두고 이의 전방 산업인 운송서비스 산업, 후방 산업인 소재 산업을 제시하고 있다.

자동차제조업의 전후방 산업

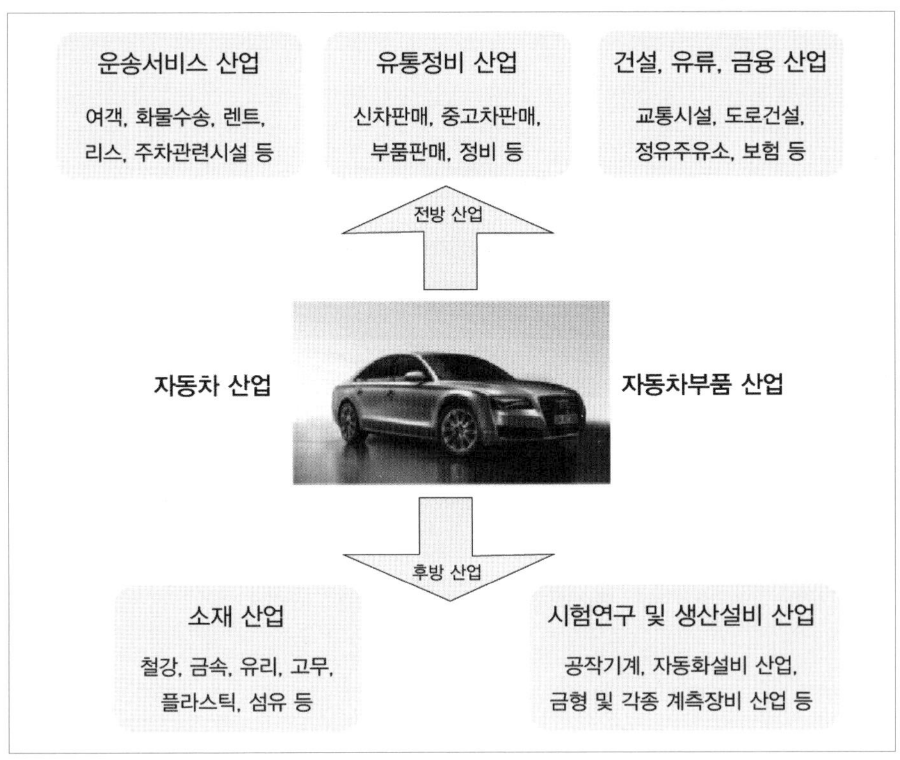

자료: https://blog.naver.com/pooa0827

다시 해운과 조선의 관계로 돌아가 보자. 해운업이 돈을 벌려면 조선소로부터 우량의 선박을 원활하게 공급받아야 한다.[3] 또한 조선이 흥하기 위해서도 해운선사가 선박을 지속적으로 발주해야만 한다. 해운에 있어 조선은 후방산업이되고, 조선에 있어 해운은 전방 산업이 되기 때문이다. 역사를 살펴보더라도 노르웨이, 독일, 미국, 일본 등의 선진국들은 조선산업과 함께 해운산업이 발전했고, 해운산업이 쇠퇴함으로써 조선산업도 쇠퇴하는 현상을 보였다.

보세(Bauchet)는 해사산업군 발전 이론을 통해 '해운(shipping)', '조선(shipbuilding)', '철강(steel)'으로 구성되는 3S 산업은 클러스터(cluster)를 형성하면서 경쟁력을 키워

3 물론 중고선을 매입하거나 용선하는 방법도 있다.

나가야 한다고 주장한다. 보세의 해사산업군 이론을 효과적으로 정착시킨 국가는 단연 일본인데, 일본에서 연구한 한종길 교수는 일본의 사회경제시스템을 이해하는 개념인 '호혜의 서클(Circle of Reciprocity)'을 이용하여 '일본의 해운-조선-철강의 상호의존관계'를 설명하였다. 그에 따르면 일본 해운업은 1) 전용선을 통한 철광석과 석탄의 수송, 2) 벌크선을 이용한 스크랩 및 부원료의 수송, 3) 철강제품 수출 수송을 통하여 철강업이 수요의 큰 비중을 차지하고 있다고 한다. 또한, 철강제품 및 석탄의 장기적화보증을 근거로 해운업이 신조 발주를 하는 경향이 있다고 한다. 일본 조선업의 고객은 100%가 일본 해운선사로 구성되어 있으며, 조선업이 신조를 건조하기 위해 공급받는 자재 역시 일본의 제철사로부터 조달받고 있다고 한다. 이렇게 일본은 '해운-조선-철강의 선순환'과 '상호의존 및 보완관계'를 효과적으로 구축해 3S 산업이 공동으로 발전하고 있다고 한다.[4] 반면 아르헨티나와 브라질은 철강공업을, 폴란드는 조선업을, 영국은 해운산업을 개별적으로 육성한 결과 어느 산업도 세계 1위가 되지 못했다는 것이 한종길 교수의 설명이다.[5]

2017년 2월 한진해운 파산으로 우리 해운업이 큰 타격을 입었다. 무엇보다 한진해운의 선박이 가압류되자 부두 접안과 하역작업을 못 하고 해상에서 화물과 선원이 억류되는 상황을 전 세계가 지켜보았다. 외국 화주들은 우리 해운선사의 경영안정성에 대해 불안감을 갖기 시작했고, 현대상선(현 HMM)도 전 세계 정기선사 간 전략적 제휴 그룹에서 굴욕적인 지위를 얻게 되었다. 우리 해운산업을 반드시 살리고 화주들의 신뢰를 회복해야 하는 절체절명의 위기 상황이었다.

2017년 5월 출범한 문재인 정부는 취임 100일 '100대 국정과제'를 발표하였다. 해운 분야에서는 '해운과 조선의 상생을 통한 해운강국 건설'이 국정과제로 제시되었다. '해운강국 건설'의 일환으로 2018년 5월 해양수산부는 '해운재건 5개년 계획'을 발표하였는데, 이 계획의 핵심 내용은 보세의 '해사산업군 이론'에서 제시하는 '해운과 조선 그리고 산업의 수출입을 잇는 공생적 산업생태계 구축'이었다.

---

4 한종길(2005), 대량화물의 장기적 거래관계 구축을 통한 일본 선화주의 공생관계, 해운물류연구 44: 1-15.

5 바다 저자 전문가와의 대화, 한종길 교수 발제(2021.10.30. 유튜브 선장김인현 교수)

해운재건 5개년 계획

▶ 목표 : 해운재건을 통한 '공생적 산업생태계' 구축

▶ 3대 추진방향

① 경쟁력 있는 서비스·운임에 기반한 안정적 화물확보

② 저비용·고효율 선박 확충을 통한 해운경쟁력 복원

③ 선사간 협력강화 등 지속적 해운혁신을 통한 경영안정

⇒ (산업내) 「화물 확보 → 선박 경쟁력 제고 → 경영안정 및 재투자」
(산업간) 「수출입 → 해운 → 조선」의 '이중 선순환 체계' 구축

◆ 추진 계획

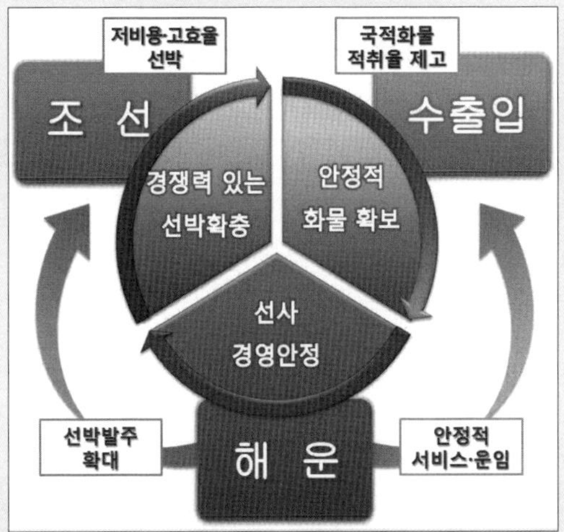

자료: 해운재건 5개년 계획(2018~2022년), 관계부처합동

요동치는 해운 경기

1 해운과 경제 성장의 관계

오늘부터 9시 뉴스를 볼 때 IMF나 한국은행이 전망하는 세계 경제나 우리나라 경제 성장률 뉴스를 유심히 보자. IMF와 한국은행이 우리나라의 경제 성장률을 몇 퍼센트로 전망했다는 보도가 전해지면, 뉴스의 화면은 어김없이 화물 선적 장면이 나온다. 경제 성장률과 선적 장면은 무슨 관계가 있는 것일까?

생산된 물품의 수출을 위해 선적 작업이 이루어진다

자료: YTN 사이언스 투데이

우리나라 제조업에서 생산한 제품이 해외로 수출되려면, 항만이나 공항에서 선박이나 항공기에 선적돼서 나가야 한다. 많은 수출은 그 이전에 많은 생산이 있었음을 의미한다. 때문에 IMF가 우리나라 경제 성장률을 상향 전망했다면, 현재 우리나라의 생산과 수출 실적이 좋다는 것을 의미한다.

다음 그림을 보자. 세계 GDP(Gross Domestic Product)와 해상 교역량의 증가율이 1966년부터 2006년까지 나타나 있다. 해상 교역량의 증가율이 GDP의 증가율보다 조금 더 높은 것을 보이고 있다. 이를 두고 GDP 대비 교역량 탄성치라고 부른다.[6] 1980년도부터 2011년까지 세계 교역량의 증가율은 세계 GDP의 성장률의 2배를 기록했고, 해운 호황기의 해상 교역량은 세계 GDP 성장률의 3배, 많게는 6.5배를 기록했다.

세계 GDP 성장률 × 2 = 해상 교역량 증가율

(해운 호황기) 세계 GDP 성장률 × 3 ~ 6.5 = 해상 교역량 증가율

세계 GDP 성장률과 해상 교역량 증가율(1996~2006)

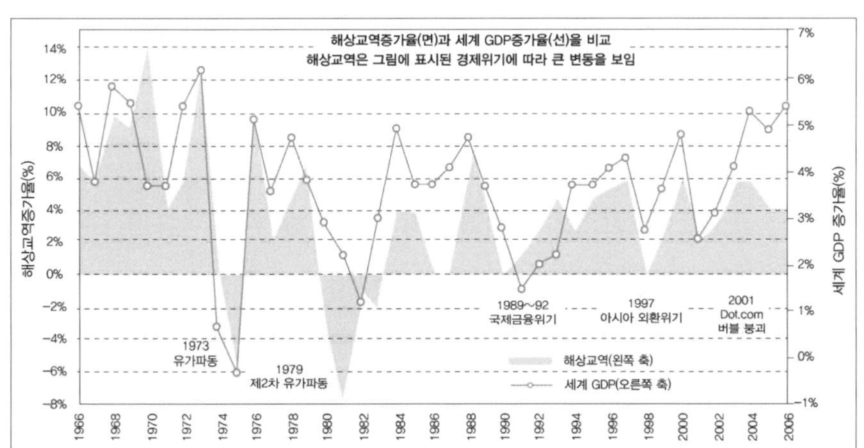

자료: Martin Stopford(2009), Maritime Economics 3rd edition, 선박수요에 영향을 미치는 요인과 불안정성(금속노조 연구원 이슈페이퍼에서 재인용)

6 이를 GDP 대비 교역량 탄성치라고 한다(양창호, 물류산업 경쟁력 강화방안, 국가미래연구원 2015년 1월 30일 발표 자료)

세계 GDP 성장률과 해상 교역량 증가율이 다른 이유

해운이 무역과 세계 경제에 대한 파생수요라 한다면, 왜 해운의 성장이 무역과 세계 경제의 성장보다 큰 것일까? 이에 대한 해답을 지구온난화 사례에서 찾아볼 수 있다. 2020년 여름 골프 연습장에 가기 위해 건물에 들어가 엘리베이터를 탔다. 엘리베이터 내부에 에어콘이 가동되지 않아 더웠다. 엘리베이터에 내린 직후 연습장에서 온도 체크를 했는데 체온이 37.3도가 나왔다. 연습장 직원이 엘리베이터 내부가 더워 체온이 올라간 것일 수 있으니 나중에 다시 측정해보자고 한다. 이렇게 찜통 같은 실내에 있으면 사람의 체온은 쉽게 올라간다. 하지만, 지구 표면의 온도는 다르다. 지구온난화로 인해 2018년의 지구 표면의 평균 온도는 2000년대 초반에 비해 0.93도 상승했다. 지구의 온도가 1도 올라가려면 엄청난 양의 화석에너지 사용이 있어야 한다.

지구 표면의 평균 온도가 세계 경제 성장률이라고 하면, 지역별·국가별·산업별 탄소 배출량이 세계 경제의 구성 요소가 된다. 산업별로 장기간에 걸쳐 탄소를 최대한 배출해야 지구 표면의 온도가 1~2도 남짓 상승하는 것처럼, 세계 경제의 구성 요소 하나가 큰 성장률을 보이더라도 세계 경제는 개별 구성 요소만큼의 성장률을 보이지 않는다. 이러한 원리로 GDP 증가율의 약 2배가 해상 교역량의 증가율이 된다.[7]

2 해운 수요 특성

해운의 선적은 선적이 있기 이전에 물품의 수출 계약이 있었음을 의미하고, 이는 다시 우리 제조기업의 생산을 의미한다. 따라서 해운의 수요는 스스로 수요를 창출하지 못하고 무역과 제조업에 수요를 의존한다.

해운의 수요는 기본적으로 무역업과 제조업에 대한 파생수요(derived demand)이다. 상품에 대한 수요가 1차적·본원적 수요(elemental demand)라면 해운의 수요는 그로부터 유발된 2차적·파생적 수요라 할 수 있다.[8]

---

7 GDP 증가율의 2배가 해상 교역량 증가율이라는 전통적인 견해와는 다르게, 최근에는 이 교역량 탄성치가 1에 가까워지고 있다. 여기에는 보호무역주의 기조, 전 세계 수직적 분업구조의 약화, 서비스산업의 성장 그리고 지식집약산업의 진전 등의 원인이 있다.

8 임성민(2017), 국제운송론 7판(삼영사)

본원적 수요와 파생수요를 잘 설명해주는 예가 있다. CGV 영화관에 가서 영화 관람하는 것을 떠올려보자. 영화 관람 두 시간여 동안 입이 심심할 수 있으니 콜라와 팝콘을 사서 영화관에 입장한다. CGV 영화관에 가서 영화를 보는 것은 본원적 수요라 할 수 있다. '이 집이 콜라와 팝콘의 맛집이라며' CGV 영화관에서 콜라와 팝콘만 먹고 오는 사람은 없다. 따라서 콜라와 팝콘에 대한 수요는 영화 관람 수요가 파생한 수요라 할 수 있다. 영화 관람 수요와 콜라·팝콘 수요에서 알 수 있듯이, 파생수요는 본원적 수요에 의존하고 있다.[9]

3 해운경기 변동의 원리

화물 수요는 대체로 국가나 권역 혹은 특정 시기가 주도하는 '○○ 특수'와 상관관계가 높다. 중동 특수, 중국 특수, 코로나 19 특수 시기에 해운 경기가 호황을 보인 것이 대표적인 예이다. '중동 특수'는 70년대 오일 쇼크[10]로 벼락 부자가 된 산유국이 대규모 건설 사업이나 수로, 항만 공사에 나서면서 중동 지역에 건설경기가 급상승한 것을 말하는데, 1975년부터 1980년대 초까지 해운 경기는 호황기를 구가하였다. '중국 특수'는 2000년대 이후 중국의 고도성장, 생산기지의 중국 이전과 이로 인한 중국에 직접투자(FDI) 증대, 중국의 수출 증가와 내수 확대 등에 힘입어 주변 아시아 국가들의 수출이 동시에 증가[11]하는 경제성장세 확대를 말한다. 특

---

9 드라마에 등장하는 일용직 노동자 아버지는 경기가 좋지 않아서 벌이가 시원치 않다고 말한다. 벌이가 없는 이유를 본인의 기술 부족이나 불성실에서 찾는 것이 아니라, 오직 경기 불황에서 찾는다. 경기가 좋아야 신축 건물이 생기고 이에 따라 본인의 일감이 생기기 때문이다. 또한 많은 소상공인들이 장사가 잘 되지 않는 이유를 죽은 상권에서 찾는다. 역시 상권의 경기에 수요를 의존하고 있다는 것을 의미한다. 그러나, TV에 소개되는 맛집 중 외딴곳에 위치한 허름한 맛집을 생각해보라. 주변 상권은 존재하지도 않는다. '허름한 맛집' 스스로 수요를 창출한다. 이런 '맛집'은 본원적 수요를 창출한다고 볼 수 있다.

10 두 차례의 오일 쇼크가 있었는데, 1차 오일 쇼크는 1973년 10월 제4차 중동전쟁 발발 이후 페르시아 만의 6개 산유국들이 가격 인상과 감산에 돌입한 것을 말한다.

11 생산기지를 중국으로 이전한 홍콩, 대만, 일본, 한국 등은 생산에 필요한 자본재 및 중간재·부품 등을 중국으로 수출하게 되면서 아시아 역내 교역량이 증가하는 현상을 보인다.

히 중국은 2008년 베이징 올림픽 준비를 위해 경기장 건설뿐만 아니라 도시 인프라에 막대한 투자에 나섰다. 중국이 전 세계의 공장에서 전 세계의 소비국이 된 것이다. 실제로 2006년부터 중국의 석탄 수입량이 석탄 수출량을 상회하게 된다. 당연히 이를 실어 나르기 위해 시장에서는 선박이 대거 공급되었고, 해운 경기는 유례없는 호황을 누린다. 그런데 '중동 특수'나 '중국 특수'가 사라진 후 해운 경기를 생각해보자. 게다가 '○○ 특수'가 지속될 것으로 예견한 선사들이 선박을 대거로 확보한 상태라면.[12]

다음 그림을 살펴보자. 선박 수급의 균형이 이루어지면 운임은 당연히 큰 변화가 없다. 그런데 세계 경제의 회복으로 물동량이 증가하는 상황이 전개되면 단기간에는 '수요 > 공급' 현상으로 해상운임이 상승한다. 선사 입장에서는 높은 운임을 향유하고 싶겠지만, 화물의 총량이 많아지면 시황 추종적으로 선주들은 중고선을 매입하거나 조선소에 선박 건조를 의뢰하게 된다.[13] 이러한 시황 추종적 선박 매입은 공급이 수요를 초과하는 '수요 < 공급' 현상으로 이어진다. ○○ 특수도 영원하지 않는 법. 당연히 화물 수요는 감소하고 해상 운임은 하락한다.

대체로 개미 투자자[14]들은 고점 매매를 하게 돼 큰 낙폭을 경험하게 된다. '8만 전자, 9만 전자, 10만 전자…' 모두 개미들을 요동치게 만드는 '자극적인' 기사들이다.[15]

선가의 고점 매매를 경험한 선주들도 헐값에 선박을 매각하거나 중고선의 연명을 포기하고 폐선을 단행하기도 한다. 그러다 다시 '○○ 특수'로 경기가 살아나고 화물이 증가하면, 선주는 선박을 매입한다. 이렇게 해운 경기는 호황이 있으면 불황이 있다. 호황기는 '이 순간을 영원히 누리고 싶지만' 곧 불황이 찾아온다. 불황기는 어둡고 길게 느껴지지만 어떤 불황도 영원한 것은 없다. 다시 호황이 찾아

12 당시에는 중국 특수가 야기한 '선박 공급 과잉'을 해결하려면 중국과 같은 나라가 하나 더 있어야 한다는 말까지 있었다.

13 코스피 3000을 기록하자 주식의 문외한들까지도 주식 투자에 손을 댄 것을 생각해보라.

14 소액을 운용하는 일반 주식투자자를 일컫는다. (나무위키)

15 이 시기 2030 세대들이 대거 주식 투자에 뛰어들었다. 저자도 주식 시장의 문외한이지만 코로나19 시기 주변의 권유에 의해 투자를 했다. 1주당 76,967원에 매입했는데, 2022년 4월 5일 기준 -10%를 기록하고 있다.

오기 때문이다. 이렇게 해운 경기가 '호황-불황'을 반복하는 것을 '해운 경기의 순환'이라고 하고, 그 순환이 되풀이되는 기간을 '해운 경기 순환주기 혹은 해운경기 사이클'이라고 한다.

'원자재 가격의 슈퍼 사이클', '8년 만에 찾아온 조선업 슈퍼 사이클', 'D램 가격이 가파르게 치솟으며 반도체업계가 슈퍼 호황(super cycle)을 맞고 있다'는 보도를 신문을 통해 보았을 것이다. 해운을 포함해 여기에 등장하는 업종들이 모두 경기 순환을 보이는 업종이다. 물론 해운업에는 20년이나 지속된 슈퍼 호황은 없었다. 역사 이래 해운의 호황은 짧고 불황은 길었기 때문이다.

해운 경기의 변동

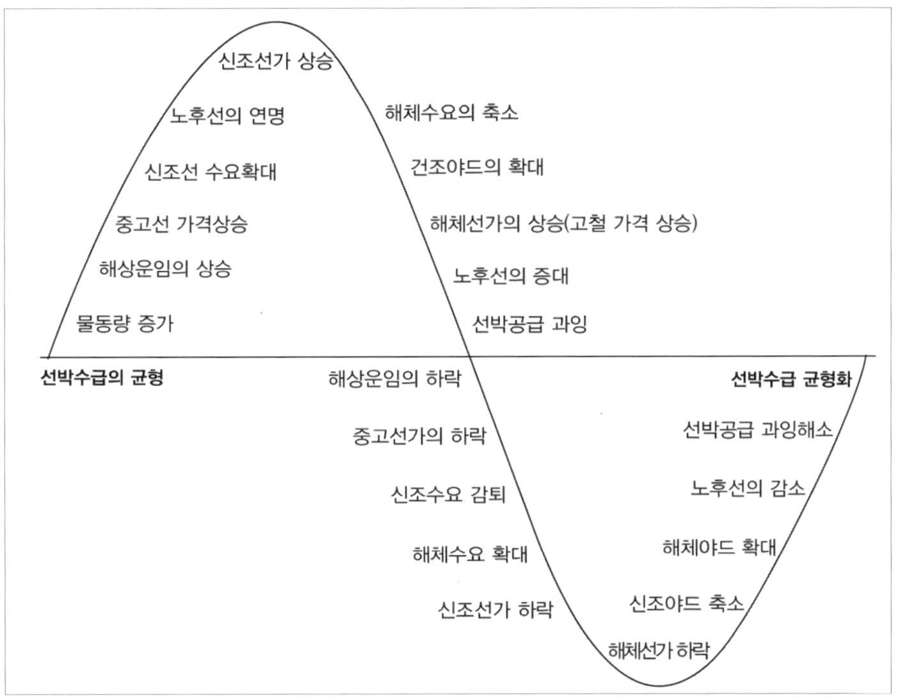

자료: 양창호(1997), 케이프사이즈 건화물선 해운경기변동모형 추정, 서강대학교 박사학위논문

8장

에펠탑보다 큰 선박

2011년 2월과 6월 덴마크의 머스크선사가 대우조선해양과 18,000TEU[16]급 선박 두 척(머스크 트리플 E 클래스)을 건조하기로 계약을 체결하면서 초대형컨테이너 선박의 시대를 열었다. 머스크 트리플 E 클래스 선박은 축구장 3개 크기로 길이 399.2m에 너비가 59m에 달하며, 20피트 컨테이너 18,340개를 한 번에 실을 수 있다. 2017년 한 해 평택항에서 처리한 컨테이너 개수가 62만 3천 개이니 트리플 E 클래스 30척이면 평택항에서 2017년 한 해 처리한 컨테이너 물동량과 맞먹는 수준이다.

트리플 E는 규모의 경제(economy of scale), 에너지 효율성(energy efficiency), 환경친화(environmentally improved)를 의미하는 것으로 세계해사기구(IMO)에서 선박에서 배출하는 대기오염물질에 대한 규제와 규모의 경제 실현을 통한 단위당 운송원가 절감을 목적으로 설계된 선박이다.

---

16 twenty-foot equivalent unit. 20피트 길이의 컨테이너 크기를 부르는 단위

머스크선사의 트리플 E클래스 선박

출처: 위키피디아

선박의 대형화는 컨테이너선을 중심으로 급속도로 진전되었다. 1960년대 후반부터 컨테이너선 운항이 본격화되었는데 당시 선박 규모는 700~1,500TEU급 선박이 주를 이루었다. 1970년대 평균 선형은 1,800~2,500TEU급 선박, 1980년대에는 2,500~4,400TEU급으로 점차 대형화되었다.

90년대 컨테이너 선박의 대형화는 가속화되었는데, 90년대 중반 초 대형 컨테이너 선박의 규모가 5,000TEU이었다가 1997년 7,000TEU급 선박이 출현하였고 2006년 머스크가 15,500TEU급 선박(E클래스[17])을 선보이면서 컨테이너 선박 1만TEU 시대를 열었다. 2017년 4월에는 일본의 MOL이 20,150TEU급 선박을 인도받으면서 컨테이너 선박 2만TEU 시대를 열었다. 현존 최대 컨테이너 선박은 우리나

17 머스크가 E클래스를 발주할 당시에는 11,000TEU급 선박이라고 공개하였으나 실제 인도된 선박의 선복(배에 짐을 실을 수 있는 공간)은 15,500TEU여서 시장을 큰 혼란에 빠트렸다.

라 HMM(구 현대상선)의 '알헤시라스(Algeciras)호'이다. 이 알헤시라스호는 스페인 남부 항구도시의 이름을 딴 것으로 컨테이너 2만 3천 964개를 한 번에 운송할 수 있다. 종전 최대 컨테이너 선박인 MSC의 'MIA호'보다 208TEU 증가한 크기다.

알헤시라스호의 길이는 약 400m, 폭은 61m, 높이는 33.2m로, 축구장 4배 크기에 달한다. 선박을 수직으로 세우면 아파트 133층 높이로, 여의도 63빌딩(264m)이나 프랑스 파리의 에펠탑(320m)보다도 길다. 알헤시라스 선박에 실을 수 있는 컨테이너 박스를 한 줄로 나열하면 서울에서 대전까지의 직선거리(144㎞)에 해당된다. 선박에 초코파이를 싣는다면 총 70억 개를 실을 수 있어 전 세계 인구가 한 개씩 먹을 수 있다. 라면은 5억 5천 만 개를 한 번에 실을 수 있다. 우리나라 국민 전체가 4일 정도 먹을 수 있는 양이라고 한다.

24,000TEU급 컨테이너선의 선적량

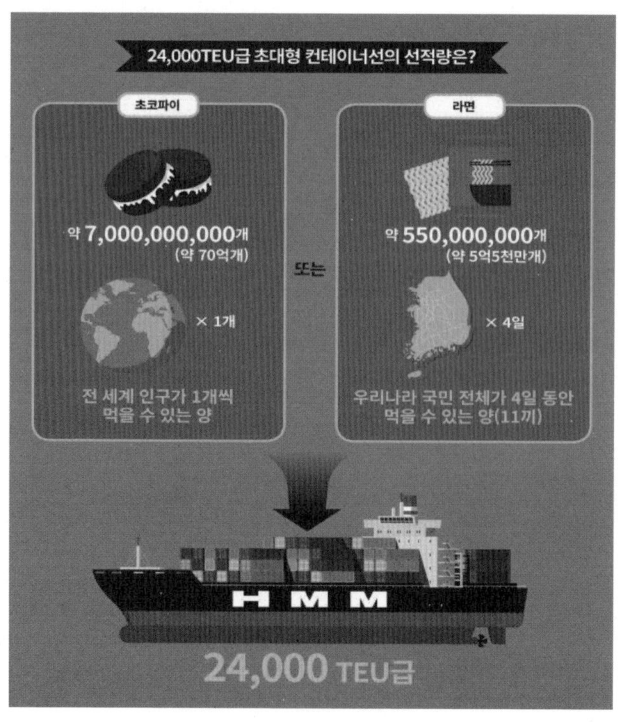

자료: 팍스넷TV

전 세계 컨테이너 해운회사가 선박 대형화에 나서는 이유는 '운송의 규모의 경제 효과'에서 그 이유를 찾을 수 있다. 우선 규모의 경제는 생산량 증가에 따른 단위당 생산비 절감 현상을 말한다. 이를 운송 분야에 적용해보면 '운송량 증가에 따른 단위(중량·거리)당 운송비용 절감' 현상을 운송의 규모의 경제라 할 수 있다. 즉, 컨테이너 선박이 커지면 커질수록 단위당 운송비가 절감된다는 것이다.

다음 그림을 살펴보자. 선박 운항에 따른 TEU당 비용이 4,000 TEU급 선박일 때 2.31달러, 6.000 TEU급 선박일 때는 1.96달러로 낮아진다. 10,000 TEU급 선박을 운항할 경우 이보다 더 낮은 1.45달러로 단위당 총비용이 낮아지는 것을 알 수 있다. 선박의 크기가 커지면 커질수록 규모의 경제 효과가 발생해 선사 입장에서는 초대형선을 선호하게 되는 것이다.

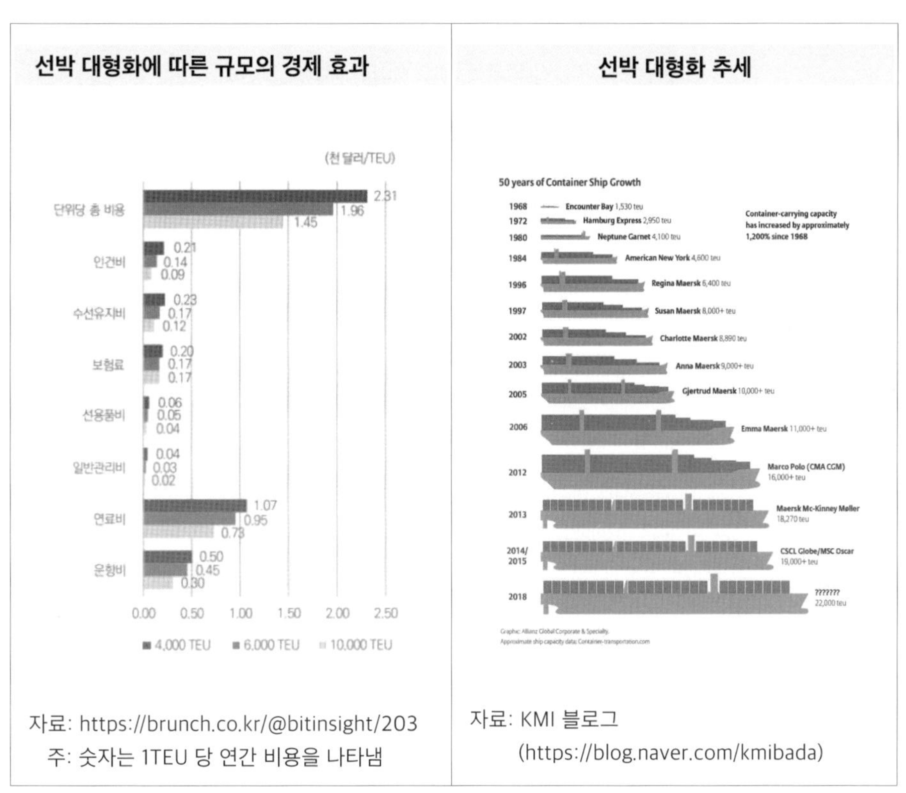

자료: https://brunch.co.kr/@bitinsight/203
주: 숫자는 1TEU 당 연간 비용을 나타냄

자료: KMI 블로그 (https://blog.naver.com/kmibada)

선박 대형화의 그림자

선박의 대형화가 꼭 장점만 있는 것은 아니다. 선박이 대형화된 만큼 기항(배가 항만에 들림)할 수 있는 항만이 제한되어 추가적인 물류비(피더운송비용, 내륙운송비용 등)가 발생하고 중심항(Hub Port) 경쟁을 더욱 격화시킨다는 역기능도 무시할 수 없다. 또한 아시아-유럽 항로에서 투입되던 중대형선박이 아시아 역내 항로 등 다른 항로로 전환 배치(케스케이딩)되면서 해운산업 전체에 공급 과잉 문제를 심화시킨다는 문제점도 지적할 수 있다.

다음 그림을 보자. 아시아-유럽의 간선항로에서 취항하는 선박의 크기가 지속적으로 커지는 것을 볼 수 있다. 그러나 취항하는 노선은 점점 줄어드는 것을 볼 수 있다. 이는 선박이 커짐으로 인해 초 대형 선박이 기항할 수 있는 항만이 제한되다 보니 어쩔 수 없이 노선이 축소되는 것으로 이해할 수 있다. 이는 항만 입장에서는 무리한 시설 투자가 유발될 수 있고, 하역료 출혈 경쟁으로 번질 수 있는 것이다.

◆ 아시아-유럽 항로의 선박 크기와 취항노선 변화

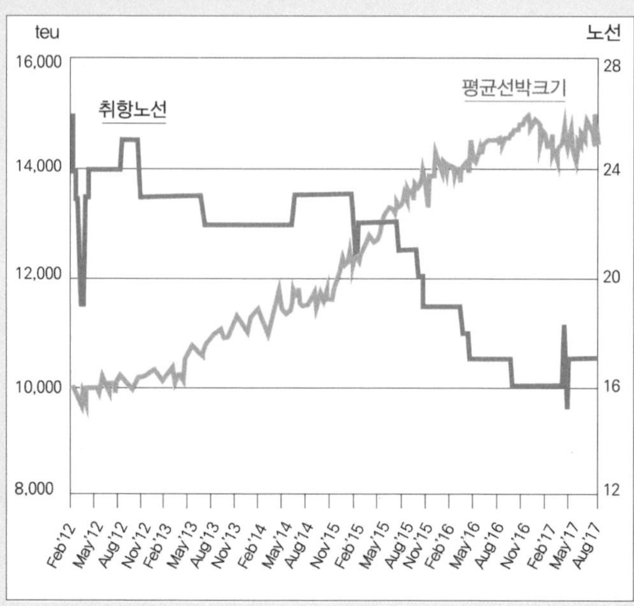

자료: 코리아쉬핑가제트

9장

해운동맹 VS. 전략적 제휴

양대 국적선사(구 현대상선과 한진해운)의 유동성 위기와 한진해운 파산 사태의 언론 보도에서 부정확한 용어 사용이 심심치 않게 보인다. 예컨대, 양대 국적선사 위기를 보도한 대부분의 언론이 해운동맹(shipping conference)과 전략적 제휴(strategic alliance)를 같은 의미로 사용하고 있었다. 다음은 2016년 6월 '해운동맹'으로 검색한 기사의 머리글이다.

"현대상선, 해운동맹 가입 '청신호'… 반대명분 없어."
"현대상선, 해운동맹 회의서 가입 협조 요청."
"해운동맹 G6 회의, 현대상선 편입 여부 결론 없이 끝나."
"현대상선, 채무 재조정 고비 넘었다… 용선료 협상 마무리·해운동맹 가입 남아."

다행히 해운 전문 언론인 코리아쉬핑가제트(Korea Shipping Gazette)에서는 해운동맹과 전략적 제휴의 개념을 정확히 구분하여 사용하고 있었다.

"세계 최대 해운얼라이언스, 부산항 기항 유지한다."

전략적 제휴의 원래 의미는 '기업 간 상호협력관계를 유지하여 제3의 기업에 대하여 경쟁적 우위를 확보하려는 경영전략'이다. 물류 측면에서는 물류공동화의

한 형태라 할 수 있는데, '물류기업 간 공동화'가 여기에 속한다고 할 수 있다. 컨테이너선사 간 전략적 제휴를 쉽게 설명하면 '컨테이너선사 간 선복 공유 혹은 공동운항'이라 할 수 있다. 이는 항공사 간 코드쉐어(공동 운항)와 비슷한 형태라고 하면 쉽게 이해할 수 있다.

반면, 해운동맹이란 '특정 항로에서 둘 이상의 정기선사가 상호 독립성을 유지하면서 대내적으로 과당경쟁을 억제하고 대외적으로 독점력을 강화하여 동맹선사 간 운임, 적취량, 배선 및 기타 운송조건에 관해 협정 또는 계약을 체결하는 국제적 카르텔'이다. 목포해양대학교 최경훈 교수는 해운동맹과 전략적 제휴의 가장 큰 차이점으로 다음과 같이 지적하고 있다.

"해운동맹은 선복 통제를 통하여 운임 담함이 이루어지는데 반해, 전략적 제휴는 통제나 담함 없이 오로지 공동운항을 통한 선복 공유를 주목적으로 한다는 것이다."

문제는 전략적 제휴 안에 해운동맹이 포함된다고 설명하는 학자가 있는 반면, 해운동맹이 진화해 전략적 제휴가 되었다고 설명하는 학자도 있다.[18] 해운동맹과 전략적 제휴에 대한 논쟁, 고려대학교 김인현 교수의 설명에서 명쾌한 답을 찾을 수 있다.

"1990년대까지 존재하였던 해운동맹의 경우 동맹선사 내에서 운임을 동일하게 정할 수 있었지만, 전략적 제휴하에서 운임은 정기선사 자율로 정해진다는 점에서 차이가 있다. 해운동맹하의 동일 운임 적용은 경쟁법 위반이 된다는 미국 등 각국의 입장에 따라 2008년 와해되었고 운임이 자율화되었기 때문에 그 이후 세계 정기선사는 치열한 운임 경쟁 속에서 살아남아야 하는 어려움을 겪고 있다. 더군다나 전 세계 물동량은 줄어들었는데 컨테이너 선박의 대형화로 인한 선복량은 오

---

18 서울대학교 김재일 교수는 전략적 제휴가 해운동맹, 컨소시엄, 공동항로 운영 등을 포괄하는 개념으로 설명하고 있는 반면, 경인여대 정재우 교수는 해운동맹을 20세기 후반부터는 전략적 제휴라 부른다고 설명하고 있다.

히려 늘어나서 해상운임은 낮을 수밖에 없는 구조다. 따라서 정기선사들은 전략적 제휴를 통하여 조금이라도 유리한 영업환경을 갖기를 원한다." (김인현, 코리아쉬핑가제트 칼럼)

해운동맹은 1998년 미국이 외항해운개혁법을 개정하면서 태평양항로의 해운동맹이 와해되기 시작하였고 EU가 해운동맹을 규제하기 시작하면서 구주와 대서양항로의 해운동맹이 대부분 소멸되었다. 이에 해운동맹의 대안으로 컨테이너선사 간 전략적 제휴가 최근까지도 활발하게 진행되어 오고 있다. 크게는 운임 협정의 유무에 따라 구분되는 해운동맹과 전략적 제휴를 혼용해서 사용하면 안 되고 두 개념을 철저하게 구분하여 사용해야 한다.

 제목은 해운동맹이지만 전략적 제휴를 설명하고 있다

[경제신문은 내친구] 해운동맹이란?

세계로 실어나르는 화물, 해운사간 선박·노선 공유...물류비 절감 효과 뛰어나
전세계 주요 해운동맹서 한국 해운사들은 소외돼

김정환 기자 | 입력 : 2016.12.28 17:06:53 수정 : 2016.12.28 19:27:53

◆ 경제기사 이렇게 읽어요 ◆

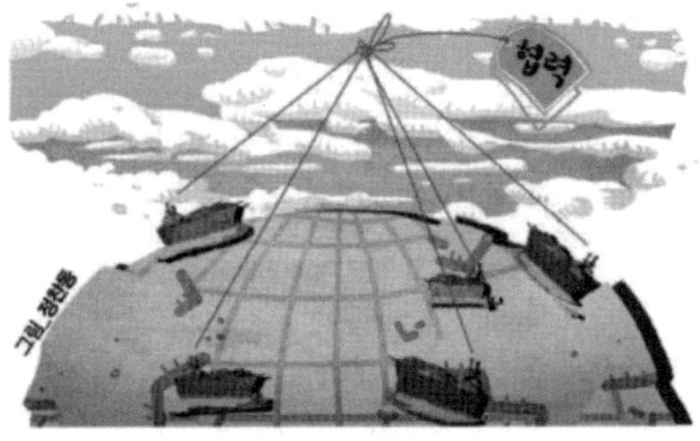

올해 우리 산업계에서 가장 시끄러웠던 분야는 바로 해운입니다. 최근 국내 유일 컨테이너선사인 현대상선이 세계 최대 해운동맹인 2M 정식 가입에 실패했다는 뉴스로 산업계가 떠들썩했죠. 조금만 더 해운 뉴스를 검색해보면 부실경영으로 인한 구조조정, 한진해운 법정관리(기업회생절차) 같은 부정적인 기사들을 금방 찾을 수 있을 거예요.

출처: http://news.mk.co.kr/

해운동맹

해운동맹	가입 선사	목적
구주운임동맹	Hapag-Lloyd, NYK, Maersk-Sea Land, 현대상선, P&O Nedlloyd	유럽항로의 안정적, 합리적 운영 적취율 제한 선박의 공동배선
대서양항로동맹협정	Atlantic Container Line, Hapag-Lloyd, MSC, Maersk-Sea Land, NYK, OOCL, P&O Nedlloyd	대서양항로의 운임 안정 선박의 공동배선
아시아북미수출운임협정	APL, NYK, K-Line, OOCL, Hapag-Lloyd, Maersk-Sea Land	공동 운임설정과 항로 안정화
북미수입운임협정	APL, Maersk-Sea Land, NYK, K-Line, MOL, OOCL	미국 서부의 항로 안정화
태평양항로안정화 협의체	APL, CMA-CGM, COSCO, EVERGREEN, 한진해운, 현대상선, Hapag-Lloyd, Maersk-Sea Land, MSC, OOCL, Yang Ming	태평양 항로의 서비스 안정 효율적인 운임 체계 확립 선사 효율성 증대

자료: 이승재(2011), 미국 해운법에서 정기선사 독점금지행위 규제에 관한 연구: 해운동맹을 중심으로, 부산대학교 대학원 석사학위 논문

그렇다면 해운기업들은 왜 전략적 제휴를 맺는 것일까? 컨테이너선사가 현재 자신이 가진 선복보다 더 많은 수출 상품을 의뢰받는 경우가 있다고 하자. 이때 컨테이너선사는 다음과 같이 세 가지 방법을 고려할 수 있다.

첫째, 다른 선사로부터 선박을 빌리는 방법이 있다. 둘째, 다른 선사의 선복 일부를 빌리는 방법이 있다. 세 번째, 여러 선사가 한 노선에 선박을 나누어 배선하는 방법이 있다. 컨테이너 선박 6척을 가진 선사가 미주노선 주간서비스에 보유한 모든 선박을 투입하는 상황에서 유럽노선을 새롭게 개발하고자 한다. 그런데 화물 영업력이 부족한 B 선사의 배 3척이 모두 계선 중에 있다고 하자. 이때 A 선사는 B 선사와 제휴하여 미주노선에 3척만 자신의 선박을 투입하고 나머지 부족한 부분은 B 선사의 선박 3척을 투입시키면, A 선사의 남은 3척을 유럽노선에 투입할 수 있게 된다. 이렇게 하면 미국의 화주와 A 선사는 제휴 전과 투입 선박 척수에 있어 차이가 없으므로 서비스 수준을 유지할 수 있고, A 선사는 또한 유럽노선이

라는 신규 시장을 개척할 수 있다. 화물 영업력이 부족한 B 선사는 A 선사가 유지하고 있는 화주의 영업네트워크를 활용하여 돈을 벌 수 있게 된다. 이를 선복 공유(vessel sharing, 혹은 공동운항)라고 한다. 즉 해운기업 간 전략적 제휴는 복수의 컨테이너선사들이 전 세계적인 운송망을 갖추면서도 안정적이고 경제적인 영업을 위하여 배타적으로 선복 교환 협정 혹은 선박 공동 운항 약정을 체결하는 것이다.

해운기업 간 전략적 제휴의 개념

자료: 저자 작성

전략적 제휴를 이용하여 세계 컨테이너항로에서 선사의 지배력과 서비스 영역을 확장할 수 있다. 다음은 Ocean Alliance가 운영하는 NWX 서비스 노선이다. 중국 칭다오를 시작으로 샹하이, 닝보, 대만의 카오슝, 다시 중국의 얀티안을 거쳐 미국의 타코마와 캐나다의 밴쿠버를 거친다. 아시아로 돌아올 때는 도쿄와 오사카를 거쳐 칭다오에 최종 도착하는 노선이다. Ocean Alliance에 가입된 선사 모두 저마다 오래 관계를 맺고 있는 화주를 대상으로 영업을 하고, 선사가 영업한 화주

해운기업 전략적 제휴 변천 과정[19]

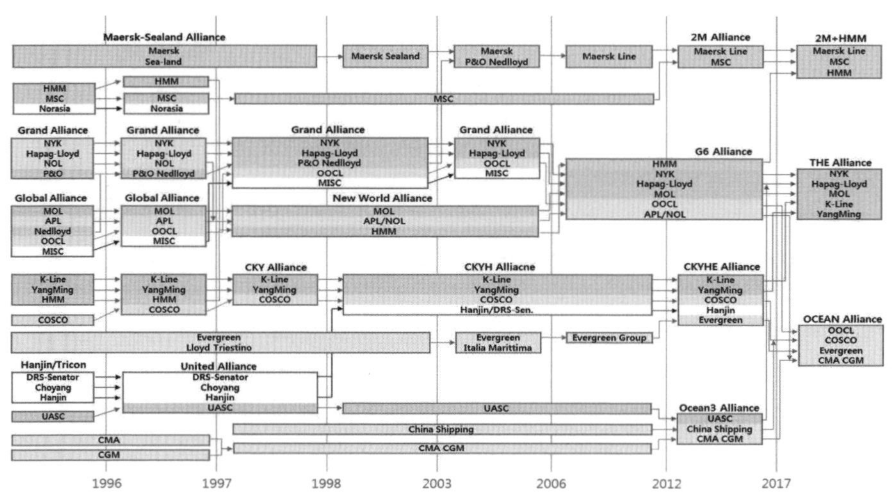

자료: 전형진(2018), 거대선사의 시장지배력 확대에 따른 국적선사의 대응방향, 2018 해운물류학회 추계 학술대회

의 화물을 제휴 그룹에 속한 한 개 선사의 배에 싣는 것이 보통이다.[20] 여기서 발생하는 수익과 비용은 선사가 영업한 화물 양에 비례하여 분담한다. 다른 선사의 배지만 우리 선사의 배처럼 운영할 수 있게 되는 것이다.

2020년 이전까지는 해운 시황이 극심한 저운임 시기였다. 이 시기에 선사들은 큰 배를 운용해 단위당 비용을 낮춰야만 생존이 가능했다. 더 큰 배를 띄울수록 비용이 절감되는 구조인 것이다. 이때 개별 선사가 각각 초대형 컨테이너 선박을 이용해 만선 항해를 하는 것은 부담스러운 일이 아닐 수 없다. 이럴 때 전략적 제휴를 활용하면 선사는 화주 영업에 부담을 덜 수 있고, 더 큰 배를 이용해 단위당 비용도 낮출 수 있어 좋은 것이다.

---

19 HMM(당시 현대상선)은 2017년 4월부터 3년간 2M 얼라이언스에 준회원 자격으로 가입했다.

20 NWX의 노선은 Evergreen의 6척(EVER EAGLE, EVER ELITE, EVER EXCEL, EVER SALUTE, EVER STEADY, EVER STRONG)을 돌려가며 사용하고 있다.

 Ocean Alliance의 NWX 서비스 노선

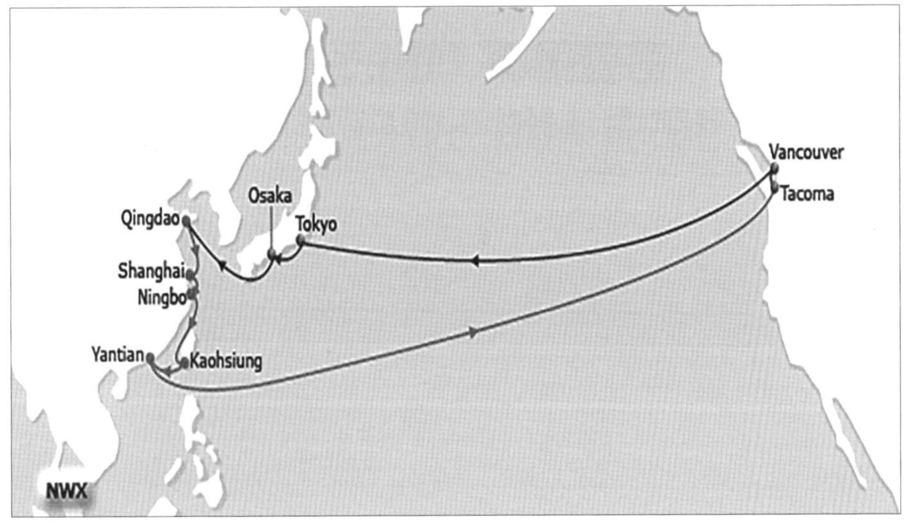

자료: https://www.cma-cgm.com/

종합물류 서비스이자 문전운송 서비스였던 조운(漕運)

화폐경제가 발달하지 않은 전근대시기에는 곡물이나 공물(貢物)로 세금을 납부했다. 이를 조운(漕運)이라 하는데, 조운은 지방 군현이 지역에서 수납한 세곡을 국가가 설치한 조창(漕倉)에 모아두었다가 일정한 시기에 국가가 관리하는 선박에 실어 해로(海路)나 수로(水路)를 통해 수도의 경창(京倉)으로 운송하는 체제를 말한다.

곡물과 공물을 육상 운송하기에는 우리 국토의 70%가 산지이기 때문에 주로 수운을 이용해 운송하였다. 그런데, 지방의 조창에 적재되어 있던 곡물과 공물을 선박에 싣고 수로 운송을 해 조창까지 가려면 한 번의 하역이 필요하고, 경창까지 최종적으로 내륙 운송을 해야 한다. 즉, 조운은 해상운송과 화물 하역 그리고 육상 운송까지 포괄하는 개념이라 할 수 있다. 그리고 문전운송(Door To Door) 서비스를 지향한다. 따라서 조운은 국내 최초의 '종합물류 서비스'이자 '문전운송 서비스'라 할 수 있다.

조선시대 조창과 조운수로

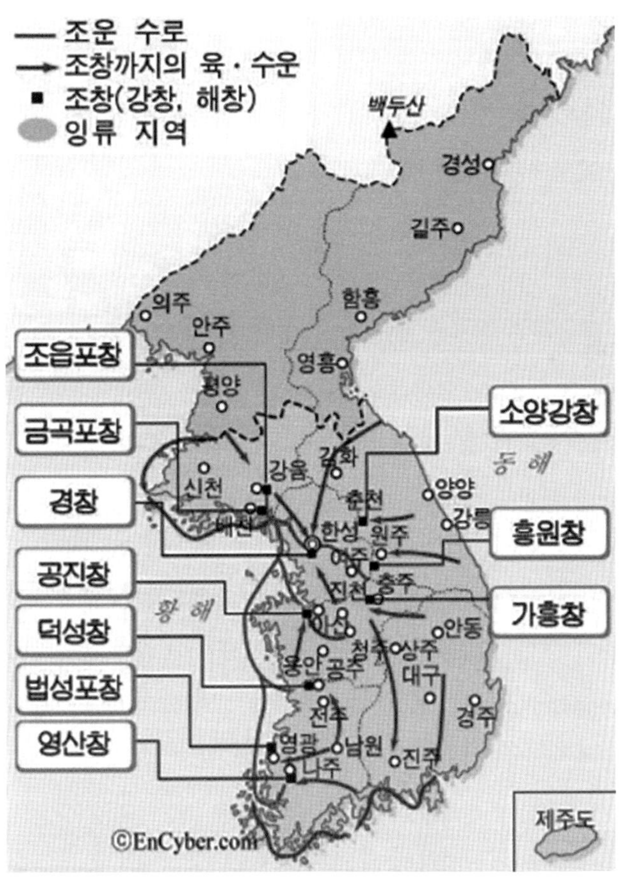

자료: 물류돌이의 네이버 블로그(https://blog.naver.com/jasonon01)

'종합물류 서비스'란 가령 해운회사가 항만 간 해상운송만을 제공하는 것이 아니라 해상운송 이후의 항만 하역과 내륙운송 서비스까지 제공하는 'One-Stop 물류 서비스'를 말한다. 실제로 덴마크의 머스크, 일본의 NYK 같은 해운회사들은 물류회사를 인수하거나, 항공기를 사들여 '종합물류 서비스'를 제공하고 있다. 요즘과 같이 글로벌 공급망이 불안정한 시기에는 해운 기업이 '종합물류 서비스'를 제공해 운송의 완결성을 높이고 화주의 편의도 도모하는 것이다. 만약, 고객이 요청한 화물의 운송 구간에서 병목현상이 나타났다고 하자. 단일의 운송기업은 '우리는 대체 운송 수단이 없어 운송을 못 해준다' 고 말할 테지만, '종합물류 서비스 기업'은 대체 운송 수단을 이용해 고객의 화물을 최종 목적지까지 신속하고 안전하게 운송해 줄 수 있어 서비스가 차별화된다.

세계 최대 컨테이너선사인 덴마크 머스크의 종합물류 서비스

자료: 머스크 홈페이지

자료: https://theloadstar.com/

다시 조운의 역사를 살펴보자. 고려시대에는 전국에 13개의 조창이 설치되었고, 조선 전기에는 9개의 조창, 조선 후기에는 8개의 조창이 운영되었다. 조운으로 운송되는 세곡(稅穀)은 국가 재정의 핵심적인 역할을 했으므로 정부에서는 조운이 안전하게 이루어지도록 노력했고, 운송 중의 손실을 최소화하기 위해 제도와 법규를 마련하였다.

조선 전기의 조운을 살펴보면 충남과 전라지방의 세곡은 해로를 통해서 서울로 운송되었고, 충북과 경상지방의 일부, 그리고 강원과 황해 지방의 세곡은 수로를 통해 운송되었다. 강이나 바다를 이용한 조운은 항해술 미숙에 따른 조운선의 침몰과 조운 업무를 담당할 인력의 기피현상 등으로 어려움이 있었는데, 이를 개선하기 위해 조선과 조운을 담당할 인력을 확보하고, 운하의 굴착, 해로표지의 설치, 운항 규칙의 제정 등으로 조운을 원활하게 하였다. 이는 오늘날 선원직 기피현상이나 안전 항해를 위한 항로표지의 설치, 해상교통법의 제정과 항로 수심 확보를 위한 준설과 모습이 닮아있다.

한편 조운 제도는 국가 주도로 이루어지다가, 민간 선운 업자들에게도 시장을 개방했다. 관 주도의 해상운송 체제에서 전문 해상운송 체제가 조운 제도에 의해 처음 등장한 것이다. 그러다 조선이 임진왜란과 병자호란을 겪으면서 사회가 큰 혼란에 빠지게 되자, 관 통제하의 조운은 원활하지 못하게 되었고 그 빈자리를 선운 업자들이 채우기 시작했다.

조선 후기에 이르러서는 민간에 의한 조운이 더욱 활발해졌다. 하지만 선운 업자들에 의한 조운에 폐단이 생기게 되었다. 운반 곡물을 가로채거나 곡물에 물을 타서 부풀어진 양만큼 운송료를 부정으로 청구하는 일이 벌어진 것이다. 선운 업자들에 의한 부정 조운 사례가 빈번해지자 영조(英祖)는 조운제를 개혁하였다. 곳곳에 조창을 추가로 설치해 조운 직항로를 연결했으며, 농작물이 흉작인 경우 곡식 대신 면포나 마포로 대납하게 하였다.

조운선

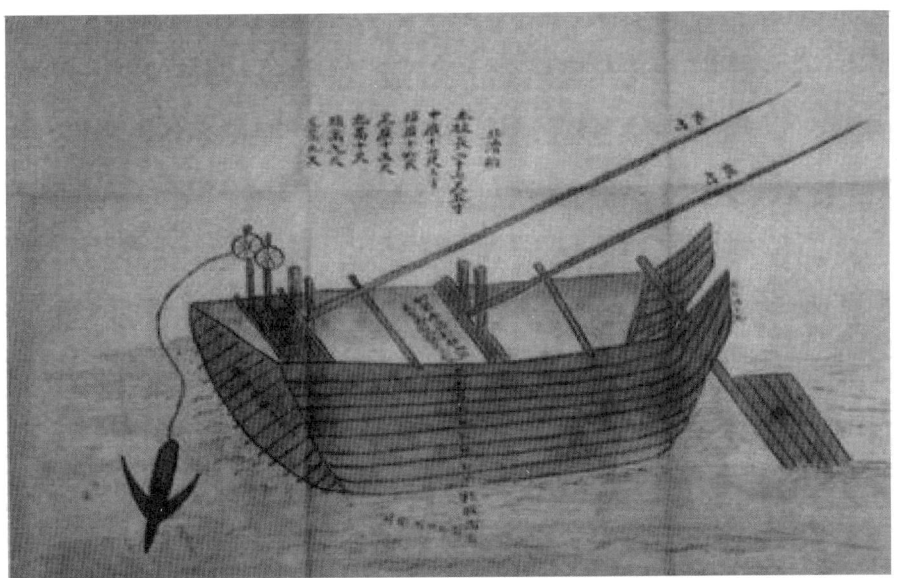

자료: https://incheonport.tistory.com/

정조 시대에도 조운제는 개편되어 시행되었으나 선박을 만드는 데 필요한 자재 수급이 어려워 적극적인 조운 정책이 수립되지는 못하였다. 이후 사선을 통한 조운이 유리하다고 판단되어 세곡 운반권은 완전히 선운 업자에게 넘어갔고, 영조대에 잠시 위축되었던 사설 항로는 다시 그 지위를 회복하게 되었다. 이에 조정의 통제 아래 시행되던 조운 제도는 거의 그 기능을 상실하게 되었다. 조선 후기에는 조세를 면포나 동전 등으로 내는 지역이 많아지게 되었고, 19세기 말에는 조운 제도가 완전히 소멸하게 되었다.

11장

선박 영끌의 경제학[21]

1 행동경제학(Behaviour Economics)

2017년 노벨경제학상을 수상한 시카고대학의 리차드 탈러 교수의 저서, '넛지(Nudge)'는 행동경제학이라는 당시에는 생소한 분야를 심층적으로 소개한 명저로 꼽힌다. 넛지란 '팔꿈치로 슬쩍 찌르다', '주의를 환기시키다'라는 뜻으로 타인의 선택을 유도하는 부드러운 개입을 의미한다. 이 저서에서 등장하는 '집단 동조, 개를 보고도 고양이라 말하는 이유'에서는 타인이 자신을 어떻게 평가할지 신경 쓴다면 그들의 분노를 피하거나 환심을 사기 위해 그들의 생각이나 행동을 따를 수도 있다는 설명이 있다.

이 저서에서 '집단 동조'의 사례를 3가지로 들고 있다. 하나는 3인 판사위원회로 구성되는 연방 판사들이 동료 판사들의 선택에 영향을 받는다는 것이다. 즉, 공화당에서 지명한 판사는 민주당 지명 판사 2명과 함께 배석할 경우 상당히 자유주의적인 투표 양상을 보이는 반면 민주당 지명 판사가 공화당 지명 판사 2명과 배석할 경우 상당히 보수적인 투표 양상을 보인다는 것이다. 두 번째 사례로 방송사들은 서로를 모방하며 프로그램 편성에서 달리 설명할 방도가 없는 일시적인 유행을

21 이 장의 내용은 저자의 논문(한국 해운기업의 선박 투자동조화 경향 연구, 해운물류연구 34권 3호: 413-430과 COVID-19 판데믹 전후의 컨테이너 해운업 동향분석과 해운재건을 위한 정책 방향 연구, 한국항만경제학회지 37권 2호: 19-31)을 기초로 작성하였다.

양산하는 것을 들 수 있다. 그 예로 리얼리티 예능 프로그램과 아메리칸 아이돌 같은 오디션 프로그램을 들 수 있다. 마지막 사례로 절친한 친구가 살이 찌면 본인이 살이 찌는 비만의 전염성에 관한 사례이다.

이러한 집단 동조 현상은 영화관과 공항에서 쉽게 발견할 수 있다. 현재 시각이 8시 45분이고 9시에 영화가 시작된다고 하자. 지금 상영관에 입장하더라도 10여 분간 광고를 상영하는 것을 잘 알고 있다. 또한 영화관의 좌석은 선착순으로 배정하는 것이 아니기 때문에 굳이 어두컴컴한 영화관에서 광고를 보지 않아도 되는 것도 잘 알고 있다. 하지만 줄줄이 사람들이 입장하기 때문에 따라서 입장하게 되고 지루한 광고를 10여 분 이상 관람한다. 두 번째, 공항 게이트에서 2시 비행기 출발을 기다리며 앉아 있다고 하자. 해당 항공사는 1시 45분부터 승객을 입장시킨다. 사람들은 비행기에 탑승하기 위해 줄지어 서 있다. 비행기 역시 선착순으로 좌석을 배정하는 것이 아니며 지금 입장하면 비좁은 이코노미석에서 15분간 멍하니 기다려야 하는 것도 잘 알고 있다. 하지만 혼자 게이트에서 15분을 기다리자니 비행기가 이륙할 것 같은 불안감이 들어 대열에 합류하고 말게 되는 것이다.

2 군중 행동(Herding Behaviour)

집단 동조는 국제금융학에서 자주 연구되고 있는 연구 분야 중 하나이다. 국제금융학에서는 이 집단 동조 사례를 군중 행동이라 부르며 이는 자기가 속한 집단의 행위를 모방하는 행위를 말한다.[22] 이를 투자 측면에서 살펴보면 투자자의 의사결정과정에서 이성적 판단이 아닌 집단의 행동을 맹목적으로 추종하여 의사결정하는 것을 군중 행동이라 할 수 있다.[23] 국제금융연구회(2016)[24]에서는 군중 행동의

22 국제금융연구회(2016), 글로벌시대의 국제금융론(경문사)

23 Duru(2013), Irrational exuberance, overconfidence and short-termism: Knowledge-to-action asymmetry in shipping asset management, The Asian Journal of Shipping and Logistics 29(1): 43-58

24 국제금융연구회(2016)의 전게서

예를 다음과 같이 들고 있다.

"신흥경제국에 속하는 A국에서 금융위기가 발생하여 국제투자가들이 이 국가의 금융시장으로부터 투자자금을 대규모로 회수하기 시작했다고 가정하자. 이러한 상황에서 또 다른 신흥경제국인 B국에 투자한 국제투자가들이 A국에 투자한 국제투자가들의 행동을 모방하여 B국의 금융시장에서 투자자금을 대규모로 회수함에 따라 B국에서도 금융위기가 발생한다."

Gleason et al.(2004)[25]은 투자자가 다른 투자자의 행동을 모방하는 것으로 군중 행동은 불확실성이 만연한 시장에서 보다 쉽게 찾아볼 수 있다고 주장한다. Nofsinger and Sias(1999)[26]는 일정 기간 동안 복수의 투자 그룹이 동일한 투자 패턴(방향)을 보이는 것이라고 정의하고 있으며 Cote and Sander(1997)[27]은 개인의 신념 보다는 대다수 투자자의 의견을 추종하여 투자하는 행태라고 정의하고 있다.

한편, 자본시장의 군중 행동은 주가 동조화(stock price synchronicity) 모델을 이용해 측정하고 있다. 주가 동조화는 국가 및 특정 산업의 주가가 다른 국가 및 산업의 주가와 동일해지는 경향을 말한다. 미국의 주가가 상승하면 한국의 주가가 이어서 상승하는 현상으로서 경제가 개방될수록, 투자 정보가 비대칭적일수록 이 현상이 뚜렷해지고 있다. Roll(1988)[28]은 주가 동조화 측정 모형을 아래와 같이 제시하였다.

$$RET_{i,t}=C+\beta_1 MARKET_{i,t-1}+\beta_2 MARKET_{i,t}+\beta 3MARKET_{i,t+1}$$

25 Gleason, K.C. et al.(2004), Analysis of intraday herding behavior among the sector ETFs, Journal of Empirical Finance, 11(1): 681-694

26 Nofsinger, R. and Sias, R.W.(1999), Herding and Feedback Trading by Institutional and Individual Investors. The Journal of Finance, 54(6): 2263-2295

27 Cote, J. and Sanders, D.(1997), Herding Behavior: Explanations and Implications, Behavioral research in accounting, 9(1): 20-45

28 Roll, R.(1998), R^2, The Journal of Finance, 43(3): 541-566.

여기서,

$RET_{i,t}$= i회사 t기의 주가 수익률

$MARKET_{i,t}$= i회사가 포함된 산업의 t기 주가 수익률

위 회귀식에서 도출된 결정계수(R^2)를 아래 식에 대입하면 동조화되어 상승(하락)한 주가가 도출된다.

$$SYNCH_{i,t}=\log\left[\frac{R^2}{1-R^2}\right]$$

그의 연구에서 주가 동조화 현상이 시장 요소나 공개된 정보의 영향으로 발생하는 것이 아니라 개개인이 획득한 정보에 대한 불신과 타인의 투자 행태에 대한 맹목적 추종에서 발생하고 있다고 주장한다.

3 해운산업의 군중 행동

해운산업 군중 행동을 묘사하거나 실증적으로 분석한 연구는 다음과 같다. 우선 Shinohara(2009)[29]은 해운시장의 참가자들은 시장의 희미한 징조를 확대 해석해 공포심으로 투자를 하거나, 어떤 경우에는 자만심으로 경쟁적인 투기 경향을 보이게 된다고 하였다. Hampton(1990)[30]은 해운 경기 변동성이 주는 공포심이 선주로 하여금 객관적인 사실보다는 군중심리를 추종함으로써 편안함을 느끼는 '시장 정서'에 의해 이루어지게 된다고 주장하였다. Martin Stopford의 저서 Maritime Economics에서도 해운산업의 군중 행동을 다음과 같이 설명하고 있다.

---

29 Shinohara, M. (2009), Paradigm Shift in Maritime Transport, The Asian Journal of Shipping and Logistics, 25(1): 57-67

30 Hampton, M. J. (1990), Long and Short Shipping Cycles, Cambridge Academy of Transport, Cambridge, U.K.

"시장 참가자들은 경기하락에 대한 두려움과 경기 상승에 대한 기대감 사이에서 갈등한다. 인간은 주변 환경의 영향을 받기 때문에 군중심리라는 것이 생긴다. 인간은 객관적인 사실보다는 군중심리와 맹목적인 편리함에 의존해 의사결정을 내리는 경우가 많다."[31]

2011년 월간 해양한국에 실린 해운업계 CEO 좌담회에서 고려해운 박정석 사장은 해운경영 현장에서도 군중 행동이 발견되고 있음을 지적하였다.

"선박 투자시기의 적정성 문제입니다. 한 언론에 보도된 논문의 내용을 요약해보면 2006년까지 유례없이 지속된 장기호황기에 그리스 선대는 감소한 반면 한국 상선대는 20% 이상 보유선대가 증가되었고 전 세계 주요선사들이 대부분 그랬습니다. 특히 듀크데의 '비상식의 경제학'에서 사람은 합리적인 생각에 의해 결정을 하는 것이 아니라 방금 전 한 행동을 잊고 계속해 똑같은 실수를 반복한다는 측면에서 경제학 이론을 수립해야 한다는 내용이 있습니다. 저도 대기업과 금융기관, 타회사 등에 근무해보았는데 한국인들의 심리 중 가장 큰 장점이자 단점이 군중심리입니다. 남을 쫓아가지 않으면 불안한 심리 등이 회사의 주요 간부들에 팽배해 있는 것이 사실입니다."[32]

같은 좌담회에서 홍아해운 당시 김태균 사장은 우리 해운기업들의 만연한 군중 행동과 맹목적 선박 투자 행태가 고스란히 드러난다.

"반성할 점은 2007년에 너도나도 발주하는 경향, 발주하지 않으면 바보 취급당하는 분위기가 팽배했습니다. 저희도 선대개편 계획에 의해, 대형화 추세와 IMO 룰이 안정성을 부각하고 있어 노후 선박은 퇴출시키고 신 사양의 선복이 필요해 선박 확충을 하게 되었습니다. 한국조선소와 결합되어서 1,200TEU급, 1,900TEU급 신조를 시장의 수요 이상으로 다량 발부하는 우를 범했습니다. 이미 말씀하신 과욕, 예

31 마틴 스토포트(2015), 해운경제학, 양창호 외 역(박영사)

32 월간 해양한국 2011년 3월호

측판단의 미숙이었습니다. 어떻게 3년 후에 신조에 들어가는데 호황이 계속될 것이라 예측했는지… 시황예측에 대한 오판 부분이 있었습니다. 특수분야라고 할 수 있는 케미칼탱커분야에서도 비슷한 일이 벌어진 점이 아쉽습니다."[33]

해운산업의 군중 행동 양상

아래 표는 주요 선주국별 선복량 증가율을 나타낸다. 우리나라의 선복량 증가율은 2006년 8%, 2007년 12.6%, 2008년 24.1%로 단 한 번도 선복량을 줄이지 않고 꾸준히 증가시킨 것을 알 수 있다. 하지만 그리스, 홍콩, 노르웨이, 일본, 독일, 덴마크, 중국 등 대부분의 선주국들이 선복량을 감소시키면서 수요와 공급의 균형을 맞추기 위한 노력을 기울였다. 이는 우리나라 선주들의 선박매입행태와 그 타이밍의 문제점을 나타내는 것으로 '호황기 과도한 선박 투자'가 있었다고 할 수 있다.

선주국의 전년도 대비 선복량 증가율

단위: %

	2006	2007	2008
그리스	5.3	2.7	-2.2
홍콩	4.8	-24.6	1.8
노르웨이	3.5	-2.5	4.0
미국	8.6	-9.5	5.5
중국	8.3	20.8	9.4
일본	11.7	10.3	9.6

33 월간 해양한국 2011년 3월호

독일	14.2	11.4	10.5
덴마크	12.5	23.7	14.4
영국	-1.4	6.2	14.5
한국	8.0	12.6	24.1

자료: 선주협회, 배동진(2010)에서 재인용

또한 'BDI(Baltic Dry Index)의 2년 간 증가율'과 '우리나라 등록 선박 척 수의 연도별 증가율'을 비교하면 2005년부터 2007년까지 우리 선주의 선박 매입이 시황에 탄력적인 것을 알 수 있으며, 이는 '호황기 과도한 선박 발주'가 있었음을 의미한다.

전년도 대비 BDI와 우리나라 지배선대의 증가율

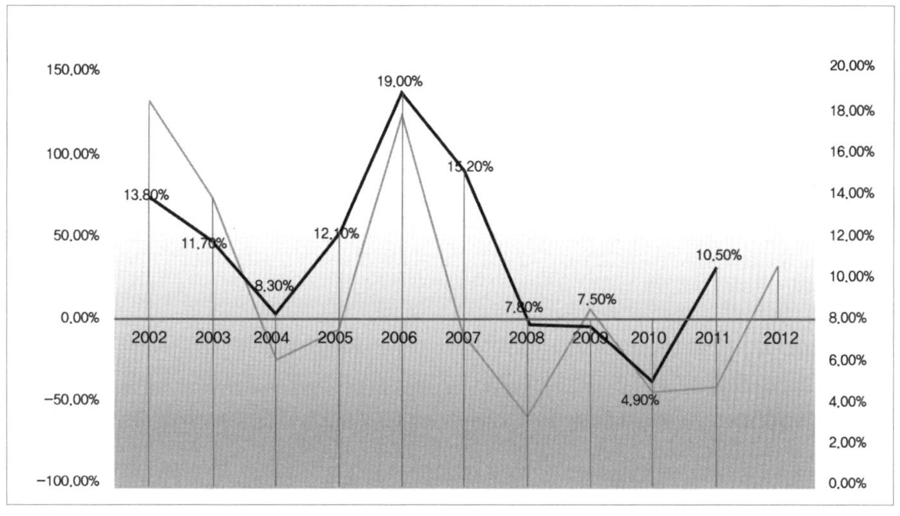

자료: 이태휘(2018), 한국 해운기업의 선박 투자동조화 경향 연구, 해운물류연구 34(3): 413-430

주: 굵은 선은 연평균 BDI의 전년도 대비 증가율, 얇은 선은 우리나라 지배선대 연평균 척 수의 전년도 대비 증가율을 의미한다.

5 군중 행동을 시장실패 탓으로만 돌릴 것인가?

호황기 무리한 선박 투자와 용선의 가장 큰 원인은 시황에 대한 오판이다. 시황에 대한 기대감으로 선박금융을 조달받아 신조를 발주하고 용선한 것을 짐작할 수 있다. 이러한 상황에서도 정책 당국과 국책 연구 기관 및 학계는 시장에 위기 경보 시그널을 제공하지 못했다. 오히려 정책 당국과 국책연구기관은 시황을 낙관할 수 있는 근거를 시장에 제공했다고 할 수 있다.

이에 대해서는 박종록 전 국토해양부 해운정책관의 저서 「한국해운과 해운정책」[34]에서 자세히 나타난다. 박종록은 우리나라 선박 확보 정책의 공과와 정책 방향을 제언하였는데, 선박 확보 정책의 공은 무엇보다 국적 외항 상선의 선박량이 크게 증가하였다는 것이고, 과는 정부가 일관되게 '해운 강국'이라는 정책 목표와 선박 투자를 유도하는 정책을 펼쳐 결과적으로 과잉 투자를 유발하게 되었다고 설명한다.[35] 아래 박종록의 저서 원문을 살펴보자.

"2009년~2013년 사이 투입된 신조선의 경우 훨씬 (가격)경쟁력이 떨어진다고 볼 수 있다. …(중략)… 그러면 어떻게 이와 같이 건조선가가 높은 시기에 국적선사들이 대량의 선박발주를 하게 되었는지 의문시된다. 가중 중요한 것은 시황 판단을 잘못한 것이다. 2007년과 2008년 초에는 BDI가 크게 치솟던 시기로 선사들이 해운호황기가 향후 몇 년간 더 지속될 것이라고 오판하기에 충분했다. …(중략)… 당시 정책적 환경을 보면 정부는 '세계 제5위의 해운강국'이라는 정책목표를 내걸었는 바 정부가 선박 투자를 확대하도록 유도하는 정책을 위한 것이다. 우리나라가 이미 1990년대 이후 해운산업의 자율·개방화 정책을 추진해 온 만큼 최종적인 투자결정은 사업자의 몫이라고 할 수 있으나 정부가 이러한 정책목표를 제시함으로써 해운기업들의 투자결정에 영향을 미칠 수 있는 것이다. 더구나 당시는 해운기업들의 재투자를 지원할 목적으로 톤세제도가 시행되었던 시기로 동 제도에 의

34 박종록(2020), 한국해운과 해운정책(박영사)

35 이뿐만 아니라 박종록은 '불황기 선박금융 조달의 어려움 등 우리 해운산업의 구조적인 문제'도 잘못된 선박 투자의 원인으로 지목하였다.

하여 감면받은 재원과 해운호황으로 인한 풍부한 유동성을 확보하고 있어 자칫 과잉투자에 나서기 쉬운 상황이었다고 할 수 있다."

6 선대 증강과 선복 과잉 사이의 딜레마

선박의 확보는 매입 시점의 적절성 혹은 관점에 따라 선대 증강이 될 수도 있고, 다른 한편으로는 선복 과잉이 될 수도 있다. 해운정책으로 말미암아 선사들이 선박 투자에 나섰다고 하자. 이후 맞이하는 해운 경기가 호경기라면 해운 정책의 성과는 선대 증강으로 평가받는 것이고, 다가오는 해운 경기가 불황이라면 해운 정책이 오히려 선복 과잉을 부추겼다고 평가를 받게 된다. 결과적으로 2000년대 중반부터 선박 매입을 장려하던 해운 정책은 불황기를 맞이하였고, 해운 정책으로 말미암아 선복 과잉이 유발된 측면을 부인할 수 없다.[36] 아래 연구들은 선박매입 정책이 선대 증강을 유도했다고 보는 연구들인데, 주요 내용을 간단히 살펴보자.[37]

A는 해운시장 변수와 해운 정책 변수를 해운정책이 외항 선대 증가에 얼마나 영향을 미쳤는지 알아보았다. 연구 결과, 국제선박등록제도, 정책금융 정책이 외항 선대 규모 증가에 1·2순위로 영향을 준 것으로 분석하였다.

B는 선사의 선박 투자 의사결정 요인의 우선 순위와 선대 증가에 대한 정부 정책 효과를 분석하였다. 연구 결과, 해운 시황 전망과 선가 전망, 화물확보 여부 등이 선박 투자 의사결정의 우선순위인 것으로 나타났다. 선대 증가에 효과적인 정부 정책은 정책 금융 기관의 금융 지원, 해운보증기금의 설립, 톤세제도, 선박금융공사의 설립이라고 제시하였다.[38]

C는 2005년부터 해운업계에 시행된 톤세제도의 여러 가지 경제 효과를 산출하였다. C의 연구는 톤세제로 인한 해운기업의 절세액은 7,130억 원이며, 절세액

---

36 2014년 한국해운물류학회 춘계학술대회에서 선보인 해양수산부의 발표에서는 톤세제 연장으로 국적선이 3배 증가했다고 설명한 바 있다.

37 연구자의 성명은 익명으로 처리한다.

38 해운보증기금과 선박금융공사 설립 정책은 이 논문이 작성될 시점에는 미도입된 정책이었다.

은 대부분 신조선 및 중고선 투자로 활용되었음을 밝혀내었다. 구체적으로 세금 절감분과 선박 금융을 통해 총 3조 5,650억 원이 선대 증가에 투자되었으며, 545만 1천 DWT가 확보되었다고 제시하였다. 또한 추가 확보된 선박의 운항이익은 2,776억 원, 선원고용 및 임금 창출 효과는 5,685명 및 2,238억 원, 조선업 및 해운부대 산업(선박검사산업 및 선박보험산업)의 고용 및 임금 창출 효과는 각각 6,196명 및 8,839억 원으로 추산하였다.

D는 톤세제 도입으로 인해 부가가치 및 고용 창출 효과 등 다양한 경제적 효과를 산출하였다. 연구 결과, 국가 차원에서 톤세제 도입으로 인한 세수 감소 및 부대 효과가 5,711억 원, 톤세제 도입으로 인한 경제 효과는 2조 2,973억 원으로 B/C가 무려 4.02로 도출되었다. 또한 톤세제로 인해 유발된 조선업의 부가가치 효과는 4,229억, 고용은 6,400여 명인 것으로 제시하였다.

E는 우리나라 해운산업의 문제점과 정책대안의 우선순위를 분석하였다. 최기영의 연구에서는 우선 우리 해운업계의 문제점으로 선박 과잉투자, 유동성 부족, 자선 부족, 용선시스템, 업체 난립, 물동량감소를 꼽았다. 특히 이 연구에서는 직군별로 해운업계의 문제점에 대해 체감하는 정도가 다른 것을 보였다. 즉, 전직 관료는 선박 과잉 투자가 용선시스템이나 업체 난립에 비해 심각한 문제가 아니라고 대답한 반면, 학계와 업계는 선박 과잉 투자가 용선시스템 및 업체 난립보다 더 심각한 문제라고 인식하고 있다고 제시하였다.

이상의 연구 결과를 요약하면, 대부분의 해운정책이 선대 증가(혹은 공급 과잉)에 어느 정도 영향을 미쳤다고 볼 수 있으며, 특히 톤세제도를 통해 구체적으로 몇 척의 선대가 증가했는지 산출이 가능하다. 또한 전직 관료들은 선박 과잉투자가 심각한 문제가 아니라고 인식하고 있어, 관료들에게 해운정책이 선박 공급 과잉을 야기한 것이 아니라 선대증가로 이어졌다고 보는 경향이 있음을 확인할 수 있다.

선박 영끌의 예방책은 없는가?

제2의 한진해운 사태를 예방하고, 해운 재건을 달성하기 위해서 이 장에서 몇 가지를 제안하고자 한다. 첫 번째, 선사들이 호황기에 무리하게 선박을 '영끌'[39]하게 된 배경에는 당시 해양수산부의 정책 기조의 영향이 직·간접적으로 영향을 미쳤음을 주지해야 한다. C와 D의 연구에서 톤세제 적용으로 선사의 절세액이 모두 신조 투자 및 중고선 매입 자금으로 흘러들어갔다고 제시한 바 있다. 또한, 선주협회(현 해운협회)의 자료에 따르면 톤세제로 인해 2005년부터 2007년까지 3년간 국내 외항산업은 전체적으로 7,130억 원의 절세 효과가 나타났다고 제시하였다. 이상의 연구 결과를 근거로 하면, 선사에 대한 정부의 세재 혜택은 결과적으로 선박 과잉 투자를 유발시킨 것이다. 따라서 해운정책이 호황기에 무리한 선박 발주를 야기할 수 있음을 주지하고 호황기 해운정책의 기조를 검토해야 한다.

두 번째, 호황기 공급조절 정책과 시장에 대한 경보 시그널이 필요하다. 톤세제, 국제등록선박제도, 제주선박특구 등 2000년대 이후 해운정책은 모두 선박 공급확장 정책으로 수렴된다. 이러한 선박 확보 정책이 불황기에 도입되면 적절하겠으나, 호황기에 도입될 경우 선주로 하여금 '아직 시황이 고점이 아니니 선박을 매입해도 괜찮다' 는 시그널로 받아들일 수 있다. 따라서, 불황기 공급 확장 정책뿐만 아니라 호황기 공급 조절 정책과 시장 경보 시그널이 제공되어야 한다.

세 번째, 국가 전체적으로 해운 시황 분석력을 제고해야 한다. 이에 해양진흥공사는 시황 분석뿐만 아니라 중고선가의 버블 여부, 선박 투자 시점의 적절성 등에 대한 정보를 분석해 제공해야 한다.

네 번째, 선사 대상 선박 투자 전문성을 높이기 위해 필요한 교육을 진행해야 한다. 선사 CEO 및 선박 투자팀 대상 선박 투자 세미나를 개최하고, 대학원 과정에서 S&P(Sales and Purchase) 전문가 및 해운시장 분석 전문가를 양성해야 한다.

마지막, 모의 선박 투자 프로그램을 개발해 학교와 선사 그리고 관련 기관에 보급해야 한다. 오래전부터 건전한 주식투자 문화 정착과 보급화를 위해 모의 주식투자 프로그램을 개발해 대학생과 일반인들이 이용하고 있다. 따라서 현재 해운시장의 상황을 그대로 구현하는 모의 선박 투자 프로그램을 개발해 보급한다면 국가 전체의 선박 투자 능력이 제고될 것이며 선박 투자 전문가 양성에도 큰 도움이 될 것이다.

---

39 영혼까지 끌어모으는 것을 의미한다.

maritime_logistics_digest

3부

미래의 해운

바다 위 테슬라

자율운항선박 개요

도로 위에 전기차와 자율주행차가 개발되듯이 선박도 자율운항선박 시대를 목전에 두고 있다. 해상사고의 85%가 인적 과실(human error)에 기인하기 때문에 이를 보완·해결하기 위해 자율운항선박이 개발되는 중이다. 자율운항선박이란 운영, 프로세스의 최적화 및 효과적인 자원관리를 통해 해상물류에 변화를 줄 것으로 예상된다. 또한, 자율운항선박 시장은 2017년부터 2025년까지 12.8%의 연평균 성장률을 보일 것으로 예상된다.

국제해사기구(IMO: International Maritime Organization)는 자율운항선박을 1~4단계로 기술을 구분하고 있다. 1단계(AAB), 2단계(PUB), 3단계(PUS)까지 부분자율운항선박 기술로 정의되며, 4단계(CUS) 기술을 궁극적인 완전자율운항기술로 정의한다. 1단계는 선원 의사결정 지원(AAB, Autonomy Assisted Bridge) 시스템을 갖춘 선박을 의미한다. 2단계는 선원 승선 원격제어(PUB, Periodically Unmanned Bridge) 시스템을 갖춘 선박을 의미한다. 3단계는 선원 미승선(최소인원 승선) 원격제어와 기관자동화(PUS, Periodically Unmanned Ship)를 의미한다. 4단계는 완전무인 자율운항(CUS, Continuously Unmanned Ship)을 의미한다.

현재까지 자율운항선박은 스마트 선박(smart ship), 디지털 선박(digital ship), 원격조종 선박(remote ship), 무인선박(unmanned ship), 자동화 선박(autonomous ship) 등

다양한 용어로 사용되고 있다. 산업통상자원부와 해양수산부에 따르면 자율운항선박은 무인선박을 포함하는 개념으로 무인선박을 제외한 나머지 분야는 '부분적 자율운항선박'이라고 볼 수 있다. 반면, 스마트쉽은 이를 모두 포괄하는 개념이라 할 수 있다.

자율운항선박 정의 및 범위

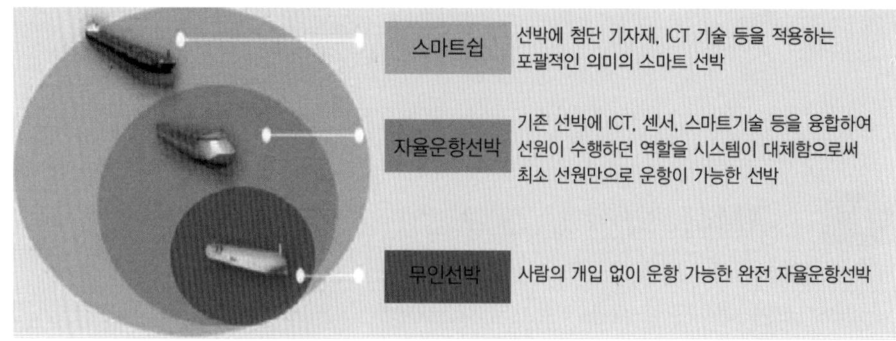
스마트쉽
선박에 첨단 기자재, ICT 기술 등을 적용하는 포괄적인 의미의 스마트 선박
자율운항선박
기존 선박에 ICT, 센서, 스마트기술 등을 융합하여 선원이 수행하던 역할을 시스템이 대체함으로써 최소 선원만으로 운항이 가능한 선박
무인선박
사람의 개입 없이 운항 가능한 완전 자율운항선박

자료: KISTEP(2019), 2019년도 예비타당성 조사보고서, 자율운항선박 기술개발사업

자율운항선박은 원격조종 연근해 선박부터 도입되기 시작하여 2035년경에는 대양을 항해하는 완전 자율 수준으로 발전할 것으로 전망된다. IMO, 롤스로이 등도 완전한 자율운항선박이 향후 20년 동안 상용화 과정을 거쳐 도입될 것으로 예상하고 있다. 기관 별로 자율운항선박 단계 구분에 대한 차이는 있으나 '일부 프로세스 자동화 → 육상에서 의사결정 지원 → 원격 제어 → 완전 무인 선박'의 상용화 단계를 제시하고 있다.

한국과학기술평가원(KISTEP)운 자율운항선박 기술 협의·광의로 분류하였다. 협의에 의한 자율운항선박 기술은 자율운항 시스템 기술로서, 세부 기술은 '다중센서 기반 장애물 탐지 및 상황인지 기술', '통합선교 경보관리 기술' 등이다. 광의의 기술은 '원격 관제 기술'과 '해상 연결성 기술'로 세부 기술은 '항로 교환 정보 기술', '항해 안전 정보 교환 기술', 'VTS 자동 보고 기술' 등이다.

자율운항선박 기술 분류

범위	구분	세부 기술명
협의	자율운항시스템 기술	다중 센서 기반 장애물 탐지 및 상황인지 기술
		통합 선교 경보 관리 기술
		선박 자율제어 기술
		선박 시스템 안전성 보장 기술
		선박 자동 접·이안 기술
		육상기반 항해센서 기술
광의	원격 관제 기술	항로교환정보 기술
		항해안전정보 교환 기술
		VTS 자동보고 기술
		선박 원격 모니터링 및 제어 기술
		선박 위험도 관리 기술
	해상 연결성 기술	VHF[1] 데이터 교환 시스템 기술
		해상항법장비 기술
		이더넷 기반 선내통신 기술
		선박 항해시스템 및 장비의 사이버보안 기술
		5G기반 광대역 해상통신시스템

자료: KISTEP(2019), 2019년도 예비타당성 조사보고서, 자율운항선박 기술개발사업

국내 자율운항선박 기술은 현대중공업에서 2011년 3월 세계 최초 스마트 선박 개발한 것이다. 2017년에는 통합 스마트십 솔루션 개발을 통해 정보통신 기반의 경제적이고 안전한 선박 운항과 장비운영 관리를 지원하기 위해 시작하였다. 선내 주요 기기를 실시간으로 확인하고 부품 및 정비 서비스와 육상 원격 서비스를 제공한다. 또한, 선박 데이터를 실시간으로 수집해 에너지 효율적 선박 관리 및 최적

1 Very High Frequency: 초단파

운항 경로를 제공하는 등 선원의 의사결정을 지원하고 있다.

또한 세계 최초로 '항해지원시스템'인 하이나스(HiNAS: Hyundai Intelligent Navigation Assistant System)를 실제 운항 중인 SK해운의 25만 톤급 선박에 탑재하였다. 하이나스란 인공지능이 선박 카메라 분석(시야 미확보 시, 적외선 카메라 활용)을 통해 선박을 자동으로 인식해 충돌위험을 판단하고, 이를 증강현실 기반으로 항해자에게 알리는 시스템이다.

자율운항선박 관련 현대중공업 개발사항 및 계획

프로젝트	내용
Smart Ship 1.0	• 선박의 운항과 기관 상태 모니터링 기술개발 • 2012년 개발 완료, 현재 280여 척 대상 계약 및 적용
Smart Ship 2.0	• 경제운항, 안전운항, 효율운항 관점의 스마트쉽 • 본선 탑재솔루션(경제운항) 개발 • 다양한 선종 적용을 통한 매출증대 및 다 선종 데이터 수집을 목표 • 스마트선박 및 육상 솔루션(선단 운영지원 솔루션) 범위 확대 • 2012년 ~ 현재 진행 중
Smart Ship 3.0	• 무인 자율운항선박 개발 • Smart Ship 2.0 완료 후 진행 예정/현재 계획 중

자료: KISTEP(2020), KISTEP 기술동향브리핑, 자율운항선박

2 자율운항선박 해외 개발 동향

1) 유럽

EU는 무인자율주행 선박의 기술뿐만 아니라 경제성, 법·제도적 부문에 걸친 타당성 검토와 테스트베드(test-bed) 구성을 목적으로 하는 연구개발 프로젝트 일명 'MUNIN(Maritime Unmanned Navigation through Intelligence in Networks) 프로젝트'를 진행하였다. 이 프로젝트는 2012년 9월부터 2015년 8월까지 3년에 걸쳐 진행

되었고 총 3.8백만 유로의 예산이 소요되었으며, 이 중 2.9백만 유로를 EU가 출자하였다. 참여 기관으로는 해양 부문 연구기관 2개(독일의 Fraunhofer CML, 노르웨이의 MARINTEK), 3개 대학[2], 선박용 센서제조사 등 3개[3] 기업이 파트너로 참여하였다. MUNIN 프로젝트에서는 첫 번째, 인공위성 통신으로 선박운항을 제어하는 것은 통신비용이 높아 타당성이 없다는 것을 발견했고, 두 번째, 선내에 장착된 자동운항 프로그램 기반으로 자동 항해하며 육상에서 부분적 통제가 이루어지는 시스템이 가장 효율적인 것을 발견했다.

2) 노르웨이

2017년 5월 노르웨이의 비료 제조사 야라(Yara)[4]와 조건기자재 분야의 세계 최고의 기술을 보유한 Kongsberg는 세계 최초로 전기추진 스마트선박인 '야라 비르셸란(YARA BIRKELAND)호'의 건조를 위한 협력에 합의하였다. 이 프로젝트는 Kongsberg 사가 실선 운항데이터를 확보하고 빠르게 개발이 이루어졌다는 점에서 세계적으로 주목을 받았으며, 스마트선박의 실선 운항시험이 이루어졌다는 점에서 큰 의미가 있다. 야라가 스마트선박 개발에 뛰어든 배경은 이렇다. 야라는 생산된 화학제품과 비료를 제조공장이 있는 포르스그룬(Porsgrunn)으로부터 항만이 있는 브레비크(Brevik)까지 운송하기 위해 트럭으로 운송했는데, 이를 위해 연간 트럭 약 4만 대를 사용하고 있어 이때 발생하는 대기오염과 소음이 주민들에게 피해를 입히는 것을 인식하였다. 때문에 야라는 주민들에게 끼치는 환경오염과 소음피해를 줄이기 위해 콩스버그와 함께 전기 선박을 개발하였으며, 2021년 11월 첫 운항을 성공적으로 마쳤다.

야라 비르셸란호의 첫 시범 운항은 최대 120개(20피트 기준)의 컨테이너에 비료를 싣고 야라의 공장이 있는 포르스그룬항에서 브레비크항까지 12km 구간을 운

---

2 Chalmers University(스웨덴), Hochschule Wismar(독일), University College Cork(아이슬란드)

3 Aptomar (노르웨이 - 센서제조사), MarineSoft(독일 - 해운용 소프트웨어), MARORKA(아이슬란드 - 항해연료최적화 솔루션

4 야라는 친환경 사업뿐만 아니라 평소 식물 보호에도 관심이 있다.

항하였다. 향후 2년간은 시험운항 기간이며, 이 기간을 거치고 나면 정식으로 완전 자율전기컨테이너선 인증을 받게 된다.

3) 일본

2017년 NYK는 일본의 조선업체, 국토교통성(國土交通省) 등과의 협력을 통한 무인선박개발 프로젝트를 발표하였으며, 해운회사와 조선업체의 협력을 통해 4차 산업혁명에 따른 해운산업 변화에 선제적으로 대응하고 있다. 인공지능이 안전한 최단항로를 알려주는 자동운항 시스템을 구축하고, 2025년까지 새로 건조하는 약 250척 선박에 이 자동운항 시스템을 탑재한다는 계획을 세웠다.

일본의 대표적인 스마트선박 개발 프로젝트는 SSAP(Smart Ship Application Platform)으로 일본 내 조선사와 해운사, 선급, 조선기자재 업체, 대학 및 연구기관 등이 참여하고 있다. SSAP는 선박-육상 간, 기능별 모듈-기기 간 송·수신 되는 통신과 데이터 처리를 일원화 및 표준화하여 효율적인 데이터 통신, 축적, 분석 등을 가능하게 하는 개방형 플랫폼 개발을 목표로 한다. 1단계인 SSAP 1은 2012년 12월부터 2015년 3월까지 진행되었고, SSAP 2는 2015년 8월부터 2017년 5월까지 진행되었다. 2척의 선박에 대해 시범 운항을 실시하였으며 선내 네트워크 서비스, 육상과 선박 연결 플랫폼 등을 개발하였다.

MOL(Mitsui O.S.K. Lines)과 미츠이조선은 2017년 6월 차세대 선박관리 시스템을 공동 개발하기로 합의하였으며, MOL이 운항하는 선박에 미츠이조선의 데이터 수집 장치를 탑재하고 실시간 운항 상황이나 기기 운항 상태 데이터를 축적하기로 하였다. 또한, 인공지능을 활용하여 다각도의 분석을 통해 해난사고나 기기고장 방지를 도모하고 있다. 또한 IMO가 자율운항선박의 안정성에 관한 검토를 진행 중에 있어, 안전 기준 제정에 주도적인 역할을 하고 있다.

스마트 항만[5]

왜 스마트 항만인가?

항만의 효율적인 운영이란 적은 시간과 노력으로 최대의 화물을 처리하는 것을 의미한다. 항만의 효율적인 운영을 위해서 선박과 항만 간 유기적인 정보 공유가 필요한데, 그중에서도 항만 운영사가 선박의 도착예정시간(ETA: Estimated Time Arrival)과 출발예정시간(ETD: Estimated Time Departure)을 사전에 아는 것이 중요하다. 우리가 여행 일정을 짜기 위해 인천국제공항의 항공기 출발 시간과 목적 국가의 공항 도착 시간을 조회한다. 정기선인 컨테이너 선박도 출발 요일과 기항 요일은 사전에 제공이 되지만, 정확한 ETA와 ETD는 항해 중 만나게 되는 해상환경의 변화에 따라 변하게 된다.[6]

항해 중인 컨테이너 선박은 매일 정오 noon report를 작성해 본사에 보고한

5 이 장의 내용은 저자의 논문(스마트항만의 해외사례 분석과 정책 시사점: 유럽과 싱가포르를 중심으로(한국항만경제학회지 36권 1호: 77-90))의 내용을 기초로 작성하였다.

6 우리가 장거리 운전을 하기 전 네비게이션에 목적지를 설정한다. 그러면 예상 도착 시간이 나온다. 이것은 현재의 교통상황을 반영한 ETA일 뿐, 시시각각 변화하는 도로 상황이나 교통 혼잡에 따라 ETA는 약간씩 바뀌게 된다. 도로에서 사고가 나거나 트럭이 싣고 있던 화물을 도로에 쏟아 도로가 마비가 된다면 네비게이션상의 ETA는 늦어지게 되는 것이다. 그런데 해상교통에는 도로교통보다 훨씬 더 많은 변수들이 작용해 운항 시작 시 기항하는 항만까지의 ETA는 대략적으로 알 수 있을 뿐이다. 따라서 ETA와 ETD의 오차가 현재보다 적어지게 하는 것이 향후 스마트 항만의 관건이다.

다. noon report에는 본선의 현재 위치, 잔여 연료 양, 기항지의 ETA 등이 포함된다. 이 ETA는 본선의 경제적 속도(economic speed)로 남은 거리를 항해하는 것을 가정해 계산된다. 그런데, 이 ETA는 앞서 언급한 것처럼 항해 중에 만나게 되는 해상환경의 변화(조류, 바람의 세기, 예측불가의 기상, 통항 혼잡도 등)에 따라 그날그날 변하게 된다. 따라서, 매일 정오에 보고하는 noon report상의 ETA는 매일 차이가 생기게 된다.

HMM의 컨테이너 선박 스케줄(Pacific North 1)

Calling Port	Terminal	Arrival	Departure
XIAMEN, FUJIAN, CHINA	Xiamen Int'l Container Terminals(- Haicang)	TUE	WED
KAOHSIUNG	Kao Ming Container Terminal Corp	WED	THU
NINGBO, CHINA	Ningbo Beilun Int'l Container Terminals Limited.	FRI	SAT
NAGOYA, JAPAN	Tobishima Container Terminal	TUE	TUE
TOKYO, JAPAN	Ohi-7 Nytt	WED	WED
TACOMA, WA	Washington United Terminals Inc.	SAT	MON
VANCOUVER, BC, CANADA	Gct Deltaport	TUE	THU
TOKYO, JAPAN	Ohi-7 Nytt	MON	TUE
KOBE, JAPAN	Kobe Int'l Container Terminal Co., Ltd.	WED	WED

자료: HMM 홈페이지

본선에서 본사로 보고한 noon report에 따라 본사는 기항지의 항만 운영사에게 ETA를 알려준다. 이를 바탕으로 항만은 운영계획을 수립한다. 기항 전 마지막 noon report에 제시된 ETA보다 늦게 A 선박이 입항을 하였다고 하자. 마지막 보고된 A 선박의 ETA에 맞춰 항만 운영사는 인력과 장비를 준비시켜 놓았는데 이를 대기시켜야 하는 것이다. A 선박의 하역작업이 완료되면 B 선박에 인력과 장비를 투입시켜 하역작업을 할 계획이었는데, 이 계획도 엉키게 된다. A 선박의 ETA의 오차 때문에 항만의 유휴 자원이 발생하고, 다른 선박의 하역작업도 지연되게 된다. 만약 해당 선박에 실려 있는 부품을 이용해 생산일정을 맞춰놓은 제조업체가 있다면 생산공정까지 차질이 생기게 되는 것이다. 이 외에도 내륙운송업자, 창고업자, 검수·검량·감정사, 세관 등 항만 부대사업자 모두 업무 일정에 차질이 생기게 되는 것이다.

2 스마트 항만 운영의 조건

군대 시절 저자의 보직은 1종 창고병이었다. 군인들이 먹는 주식과 부식을 1종 보급품으로 분류한다.[7] 사단의 보급병으로 근무를 했으니, 매일 새벽 사단의 장병과 간부들이 먹어야 할 식자재의 유통과 물류, 그리고 부식으로 먹어야 하는 건빵과 마쓰타 음료를 정기적으로 하역하고 보관해야 했다. 특히, 마쓰타 음료가 들어오는 날은 부대 전 병력이 투입되어 신속히 하역을 해야 한다.

문제는 마쓰타가 정확히 몇 시에 들어오는지 모른다는 것이다. 보통 1~2일 전에 물량이 들어오는 일자만 통보해준다. 따라서, 몇 시에 들어오는지 모르기 때문에 물량이 들어올 때까지 하염없이 창고에 대기하고 있어야 한다.

마쓰타가 들어오기로 되어 있던 날 있었던 일이다. 당일 마쓰타가 들어오는지 몰랐던 행정보급관은 1종 창고병들이 창고에서 놀고 있다며 부대 인근 제초 작업을 지시하였다. 당시 고참이었던 저자는 오늘 마쓰타가 들어오기로 되어 있어 작업에 차출되면, 마쓰타 하역작업이 원활하게 이루어지지 않을 것이라고 말했다. 그러자 돌아오는 대답은 말이 아닌, 재떨이였다.[8]

---

7 주식에는 군인들이 먹는 짬밥의 모든 재료가 해당되고, 부식은 대표적으로 마쓰타 음료와 건빵이 있다.

8 당시 행정보급관은 원사 진급에 고배를 마셔 심기가 불편한 상태였다.

그때 만약 마쓰타가 실려 있는 트럭의 ETA를 저자가 알았다면 저자는 후임병들과 작업에 참여하고, 마쓰타 들어오는 시간에 맞춰 창고에서 다시 대기를 했을 것이다.

요즘 미용실 중에는 예약제로만 운영되는 미용실이 있다. 예약이 없는 시간에 미용실 원장은 취미를 즐긴다거나 투 잡(two job)을 하는 경우도 있다. 또한 긴급한 예약이 아니면 손님들의 예약 시간을 조정해 최대한 개인 시간을 확보한다. 이 이야기를 들으며, 저자는 무릎을 쳤다. 이것이 스마트 항만의 운영 방식이기 때문이다. 만약, 항만에 입출항하는 선박의 ETA와 ETD를 정확히 안다면 한정 없이 인력과 장비를 대기시킬 필요가 없다. 그리고 하역 작업에 걸리는 시간과 투입 인력의 규모를 사전에 알기 때문에 불필요한 인력을 대기시킬 필요도 없다. ETA와 ETD를 알면 그간 항만 운영의 비효율적인 요소를 많이 없앨 수 있다. 예약제로만 미용실을 운영하면 예약이 없는 시간에 다른 일을 할 수도 있고 취미도 즐길 수 있는 것처럼, 그리고 마쓰타 들어오는 시간을 정확히 안다면 재떨이 맞을 일도 없는 것처럼 말이다.

3 해외 스마트 항만 개발 사례

1) 로테르담

로테르담항은 스마트 항만의 실현을 위해 「SMART PORT」라는 조직을 설립하였다. SMART PORT는 물류, 에너지 및 산업, 항만 인프라, 도시, 지속가능한 항만 운영 전략 측면에서 로테르담항이 스마트 항만이 되기 위한 지향점과 R&D 프로젝트 수행 계획 등을 추진 중이다.

물류 측면에서는 물류의 디지털화, 물류 자동화를 통한 물류허브 지향을 강조하였으며, 에너지 및 산업 측면에서 풍력에너지와 전력 사용을 통한 에너지 효율화 지향, 항만 인프라 측면에서 인프라의 효율적인 활용으로 항만의 부가가치 증대, 항만도시 측면에서 지자체 및 관련 이해당사자에게 정보 제공, 로테르담항만

당국의 전략 개발 및 혁신을 강조하였다.[9] 또한, 로테르담항만은 항만 기항 최적화 정보 어플리케이션인 PRONTO(Port Rendezvous of Nautical and Terminal Operations)[10]을 도입하여 항만 이해관계자의 데이터 수집을 통하여 최적의 ETA와 ETD를 예측하고 있다. 그 결과, 로테르담항에 기항하는 선박은 평균 20% 정도의 항만 대기시간을 감축하였다고 전해진다.[11]

로테르담항만의 PRONTO

자료: Port Technology, Europe's Largest Port Releases App to Optimize Shipping, April 18. 2018.

2) 함부르크

함부르크항은 경제적으로는 항만의 지속 가능한 성장을 도모하고, 항만 고객과 지역 주민의 편익을 극대화하고, 환경 영향을 최소화하고자 「smartPORT」 프로젝트를 수립하였다.

---

9 한국해양수산개발원(2018), 스마트항만(Smart Port), 전체 물류망을 고려한 로드맵 수립 필요, KMI 동향분석 제74호

10 이탈리아어로 PRONTO는 '준비된(ready)'이라는 뜻으로 사용된다.

11 Port Technology(2018), Europe's Largest Port Releases App to Optimize Shipping

함부르크항의 스마트 항만 프로젝트는 물류와 에너지 분야 두 축으로 구성되어 있다. 물류 분야에서는 경제와 생태계 관점에서 교통 흐름과 인프라·화물 흐름의 원활화를 목표로 각 부문별 지능화, 효율화, 정보동기화를 실현하고 있다. 에너지 분야에서는 친환경적 이동 수단의 이용과 에너지 소비 감소를 추구하기 위해 항만의 스마트화를 추진하고 있다. 에너지 프로젝트에 따라 전통적 발전 에너지 의존율 감소, 대기오염물질 배출 감소, 재원 낭비 최소화, 재생 에너지 사용, 에너지 효율 달성, 에너지 절약형 이동 수단 이용 등이 추진되고 있다.

3) 영국

영국 운송부에서 발표한 MARITIME 2050은 기술, 사람, 환경, 무역, 인프라, 보안, 회복가능성(resilience) 측면에서 영국의 해운·항만산업(maritime industry)이 2050년 취해야 할 포지션과 미래 비전을 담고 있다. 이 보고서의 6장 기술 파트에서는 스마트 해운과 함께 스마트 항만의 필요성과 미래상에 대해서도 자세히 제시하고 있다. 이 보고서에서는 항만 운영자의 75%가 육상에서의 운영 효율성 제고를 위해 기술의 개선이 필요함을 공감하고 있음을 언급하였고, 로봇(robotics)과 인공지능(artificial intelligence) 기술을 통한 터미널 자동화가 항만 운영 효율성과 안전에 영향을 끼칠 것이라고 주장하였다. 또한, IoT 기술이 하역 장비-내륙 운송 수단-선박 간 정보 공유를 가능하게 하고, 이를 통해 공유 정보 플랫폼 시스템이 구현되면 항만의 체선·체화 감소 및 환경 편익이 제고될 것이라 설명하였다. 한편, 스마트 항만 구축의 위험(risk) 요인으로 스마트 항만 구축을 위한 정보 인프라 투자의 막대한 비용과 시간을 꼽았다.(UK, 2019)[12]

Belfast Harbour, Bristol Port, DP World, Forth Ports, Hutchinson Ports UK, Port of London Authority, Peel Ports, 영국항만연합(Associated Brith Ports)으로 구성된 영국메이저항만 그룹(UK Major Ports Group)이 발표한 Ports 2050에서 미래 항만은 데이터 플랫폼으로서 데이터 추적을 제공하고 블록체인을 통한 스마트 계약

---

12 UK Department of Transport(2019), Maritime 2050, Navigating the Future

(smart contracts)이 이루어지며, 사이버 보안을 제공하는 항만이라고 정의하였다. 미래 항만으로의 발전을 위한 영국 정부의 역할로는 물리적·지적 인프라 제공, 일관되고 장기적인 안목의 방향 설정, 전략적 목표에 부합한 규제 설정을 제시하였다. (UKMPG, 2018)[13]

4) 이태리 살레르노

2014년 3월 살레르노항만은 공급사슬의 강력한 통합을 위해 '스마트 터널: 지능적 통합 운송 네트워크(Smart Tunnel: intelligent integrated transport network) 프로젝트'에 착수하였다. 이 프로젝트는 항만 정보기술의 통합과 의사소통을 위한 혁신 시스템 도입, 상호운용성(interoperability) 제고를 위한 IT 구축, 물류와 해상운송, 내륙운송 간 IT 연결 등으로 구성되어 있다.

살레르노항만의 Smart Port Service System

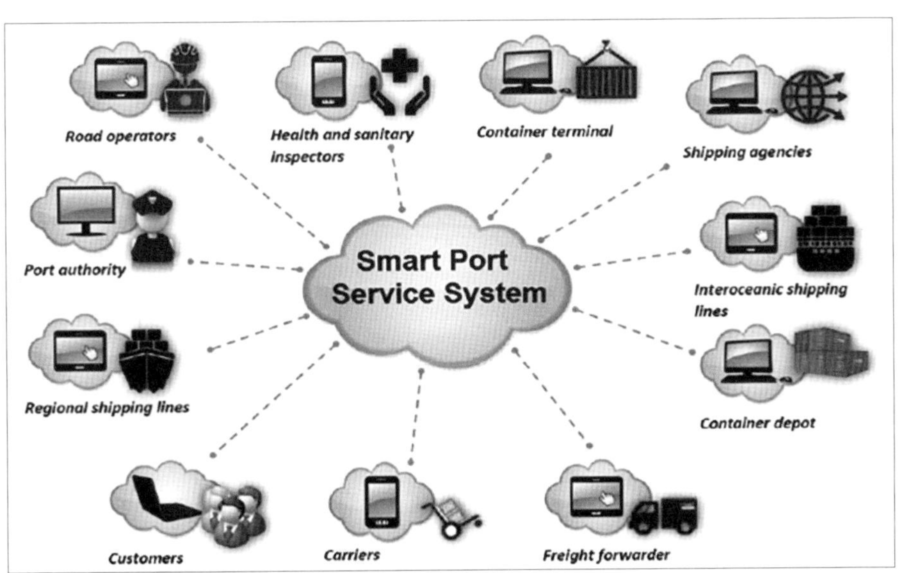

자료: Antonio et al.(2017)의 전게서

13 UKMPG(2018), Port 2050.

스마트 터널 프로젝트의 성공으로 이탈리아는 신규 항만 건설 시 해운, 항만, 내륙운송, 철도운송 간 통합 ICT를 구현할 수 있는 스마트 항만서비스 시스템을 의무적으로 도입하는 법안을 2014년 9월 제정하였다.[14]

5) 싱가포르

(1) MPA의 스마트 항만 추진계획

MPA(Maritime Port Authority of Singapore)는 싱가포르 항만의 스마트화를 위해 다양한 계획을 내놓고 있다. 우선 MPA는 「digitalPORT@SG」라는 목표를 실현하기 위해 싱가포르 해운·항만산업의 싱글 윈도우 서비스를 구축하고 있다. 세부 계획으로는 1) 해운·항만 관련 문서의 디지털화, 2) 해운·항만 관련 플랫폼 구축, 3) 데이터 동기화를 통한 프로세스 간소화, 4) 국제적 상호운용성 제고, 5) 해운·항만 원스톱 서비스 실현, 6) JIT(Just in Time)를 통한 실시간 운영과 항만 가치사슬의 통합이다. MPA의 기술책임자 Kenneth Lim에 따르면, 해운·항만 관련 문서의 디지털화, 해운·항만 관련 플랫폼 구축, 데이터 동기화를 통한 프로세스 간소화는 이미 구축이 완료되었고, 국제적 상호운용성 제고, 원스톱 서비스 실현, 항만 가치사슬의 통합은 현재 진행 중이라고 한다.

Kenneth Lim은 특히 싱가포르 항만이 추구하는 국제적 상호운용성을 강조하였는데, 이를 디지털 오션(Digital OCEAN: Open Common Exchange And Networks Standardisation)이라는 개념으로 설명하고 있다. 디지털 오션의 목표는 디지털 플랫폼, 글로벌 네트워크 구축, 항만 관련 커뮤니티와 이해관계자들 간 데이터 연결, 오픈 데이터의 표준화를 통해 국제적 연결성(connectivity)을 증진시키고 여러 시스템 간 통합을 추구하는 것이다.

---

14 Antonio et al.(2017), The Re-Conceptualization of the Port Supply Chain as a Smart Port Service System: The Case of the Port of Salerno, *Systems,* 5(35): 1-10

(2) 싱가포르 스마트 항만 연구개발 로드맵

MPA는 스마트 항만 관련 생태계 조성을 위해 관련 연구·개발에도 적극적이다. MPA는 2013년 발표한 '해운·항만 R&D 로드맵 2025'를 기반으로 2019년 '해운·항만 R&D 2030'을 발표하였다. 이 로드맵에는 스마트 항만 생태계 조성을 위한 체계적인 계획과 기관별 역할 분담이 담겨있다. 세부 내용은 다음과 같다. 우선, 싱가포르 스마트 항만 R&D의 단계별 목표를 5가지로 제시하였는데, 1단계는 '효율적·지능적 월드클래스의 차세대 항만 건설', 2단계는 '전략적 해양공간구축 및 해상교통 관리', 3단계는 '스마트한 항만 운영과 자율운항시스템 구축', 4단계는 '효과적인 해운·항만 보안·안전시스템 구축', 5단계는 '지속가능한 해운·항만 환경 조성과 에너지 이용'이다. MPA는 이를 통해 장기적인 안목으로 싱가포르 해운·항만 산업의 디지털 변환(transformation)의 기반을 조성하고 있다.

싱가포르 해운·항만 R&D 2030에서 연구개발을 수행하는 기관으로는 싱가포르국립대(NUS)와 난양이공대(NTU), 싱가포르폴리텍(SP)이 있다. NUS는 차세대 항만 운영과 시뮬레이션 연구센터를 2018년 4월 설립, 2019년 10월에는 자율운항선박 관련 연구센터를 설립하였다. NTU는 2017년 해운·항만 에너지 이용과 지속가능개발과 관련한 연구센터를 설립하였고, SP는 해사안전 연구센터를 2018년 6월 설립함으로써 스마트 항만 생태계 조성을 위한 연구를 수행 중이다.

(3) PIER 71 사례

PIER 71은 NUS와 MPA가 공동으로 추진하고 있는 스마트 항만 스타트업 인큐베이터이다. 현재 10개 정도의 스타트업이 입주해 창업을 준비 중에 있다. 입주한 스타트업의 비즈니스 모델은 싱가포르 해운·항만 산업과 관련된 문제를 해결하는 솔루션 개발에 초점이 맞추어져 있다. 대표적인 기업으로는 Ocean Freight Exchange(OFE), Claritecs, Aeras Medical, Portcast 등이 있다. OFE는 싱가포르 건화물시장의 용선자, 선주, 선박브로커, 탱커들을 주 고객으로 하며, 수급 관련 예측분석, 선박 추적, ETA 예측 정보와 분석 툴을 제공한다. Claritecs는 BunkerMaestro라는 프로그램을 개발하는 업체로서, MPA의 해사정보허브(Maritime Data Hub) 및 해상교통 정보서비스와 연계한 SaaS(software as a service) 플랫폼을 개발하는 업체이다. BunkerMaestro는 급유스케줄 예측 정보를 제공하며, 급유지와 선대 간 최적의 운영 효율성 제고에 기여하고 있다. 또한, AIS(Auto Identification System)와 통합해 선박의 위치 정보와 ETA를 제공하여 급유 및 선대 운영 최적화에 기여하고 있다.

(4) Tuas Port 건설 사례

PSA는 기존 Pasir Panjang과 Tangjong Pagar 지역 등 싱가포르 도심 지역에 위치한 컨테이너 부두를 주롱 섬 좌측인 Tuas 지역으로 이동시켜 Tuas Port 건설을 추진하고 있다. PSA의 CEO인 Tang Chong Meng에 따르면 앞으로 도심 컨테이너 터미널은 포기하고 미래에는 Tuas Port 운영에 집중할 예정이라고 한다. Tuas Port는 2040년까지 연간 6천 5백만 TEU의 처리능력을 가진 항만 건설을 목표로 자동화 기술과 로봇이 안벽과 야드 작업에 활용될 예정이라고 발표하였다. 또한, 안벽과 야드 간에 무인 차량이 컨테이너를 이송하고 항만의 올인원(all-in-one) 운영 센터에서 이를 제어하고, 원격 장비 전문가인 크레인 운영자가 사무 환경에서 편리하게 이를 모니터링하고 작업하는 시스템을 구현한다는 계획이다. 또한, 크레인의 수리·고장·평가 등 기존에 사람이 높은 곳에서 위험하게 수행하였던 작업에 드론이 활용되어 안전한 작업 환경을 만들 수 있게 할 계획이다. 트럭의 군집주행과 차세대 게이트 시스템을 도입해 항만을 출입하는 교통혼잡을 줄이고 항만 운영의 전반적인 성능을 향상시키는 것을 목표로 하고 있다.

4 시사점

로테르담항만이 스마트화를 추진하고 있는 이유는 항만의 시설 개발과 확장으로는 더 이상 경쟁력을 확보할 수 없으며, 현재 수준보다 높은 항만 운영효율을 달성하기 위해서는 항만의 디지털화가 필요하기 때문이다. 즉, 로테르담항만은 항만의 지속 가능한 경쟁력 확보 차원에서 스마트 항만이 추진되고 있다고 볼 수 있다. 2015년 함부르크에서 개최된 IAPH(International Association of Ports and Harbors)에서는 항만도시의 고질적인 문제로 지적되어 온 교통문제와 환경문제 등 항만도시만의 부작용 현상을 중점적으로 다루었다.

이러한 논의와 사회적 공론화에 따라 함부르크는 항만이 시민의 삶의 질에 부정적인 영향을 많이 끼쳐, 그 대안으로서 항만의 스마트화를 추진하는 것임을 유추해 볼 수 있다. 영국 사례에서 배울 수 있는 점은 과거 명성을 구가하던 영국의 해운·항만 산업의 재부흥을 위해 해운·항만의 디지털화를 추구하고 있으며, 항만에서는 스마트 항만의 구축으로 영국 항만의 도약을 노력하고 있다는 것이다. 이탈리아 살레르노항만의 스마트 항만 구축 사례를 통해 배울 점은 스마트 항만 도입을 위해 무엇보다 항만공급사슬의 개념화 및 구조화가 선행되어야 한다는 것이다.

싱가포르의 사례를 통해 배울 점은 기존 항만이 스마트 항만이 되기 위해서 강력한 해사클러스터 구축이 선행되어야 하다는 것이다. 우리 정부도 공감하고 있듯이, 스마트 항만은 단위 시설물이나 정보시스템이 아니고 복잡하게 얽혀 있는 해운·항만물류시스템이나 생태계라고 해야 맞을 것이다. 따라서 싱가포르와 같이 강력한 해사클러스터 구축과 동시에 우리만의 스마트해상물류 생태계를 조성하는 것이 필요하다. 또한, 해사클러스터 구축을 위해 주도적인 기관이 있어야 한다. 싱가포르는 MPA가 해사클러스터 주도적인 역할을 담당하고 있다. 물론 싱가포르 국가 특성상 정부 주도로 가능한 것이 상당히 많을 것이기에 우리나라가 그대로 벤치마킹하기에 어려운 측면도 있을 것이다.

5 한국형 스마트 항만 개발 방안

스마트 항만 구축을 위해 항만공급사슬의 구축이 선제되어야 한다. 그리고 항만-해운-항만도시 SCM 내 어떠한 정보의 동기화가 필요하고, 동기화를 위해 필요한 요소를 미시적으로 연구하고 발굴하는 것이 항만의 스마트화를 앞당기는 길이다.

스마트 항만 정의로 디지털 항만, 정보화 항만, 지능형 항만, 고생산성 항만, 친환경 항만 등 다양한 정의가 있지만 디지털 항만이나, 정보화·지능형 항만이 스마트 항만의 정의로 가장 설득력이 있다고 할 수 있다. 2019년 10월 개최된 항만인프라 혁신 국제세미나에서 '스마트 항만은 공유 네트워크를 기반으로 의사결정이 이루어지고 실행하는 항만'이라는 연구 결과가 발표되었다. 이는 항만 자체적으로 의사결정능력을 갖춘 지능화 항만이라는 뜻이다. 이를 위해 항만의 정보화와 자동화가 선제되어야 한다. 그렇다면 일부 항만 아니 일부 선석이라도 인공지능과 빅데이터를 도입하고, 최첨단의 자동화 시설을 도입해 스마트 항만 스스로 의사결정을 할 수 있는 테스트 베드 구축이 필요하다. 미래의 항만은 항만 스스로 의사결정을 통해, 현행 항만 개발 계획인 항만기본계획을 대체할 수 있을 정도의 지능형 항만이 개발되어야 한다. 항만공급사슬 내 참여자와 항만 고객의 요구가 항만 개발과 운영에 직접 전달되어 상호운용성이 높아지는 플랫폼형 스마트 항만 건설을 제안한다.

항만도시라는 관점에서 항만의 스마트화가 추진되어야 한다. 때문에 스마트 도시기본계획과 스마트 항만계획이 조화롭게 추진될 수 있도록 스마트 항만 프로젝트에 도시 전문가를 선임해야 한다.

함부르크는 항만도시의 지속가능성을 높이기 위한 수단으로 스마트 항만이 추진되고 있다. 즉, 함부르크는 스마트 항만 프로젝트가 추진되기 전부터 항만과 도시의 지속가능성에 대한 고민이 있었고, 항만의 지속가능성 제고와 사회적 책임, 환경문제 저감 차원에서 스마트 항만이 추진되었다. 따라서 우리의 스마트 항만 도입 배경에 대해서 다시 검토해 볼 필요가 있다. 우리는 아직도 항만의 경쟁력 제고의 수단으로 스마트 항만을 추진하고 있다고 할 수 있다. 유행처럼 번져가는 4차 산업혁명 조류에 대한 해운·항만산업의 대응으로 항만의 스마트화가 추진되고 있다고 해도 과언이 아니다.

물동량 등 양적 지표로 항만의 성과를 측정하는 기존 항만성과평가 방식하에서는 진정한 의미의 스마트 항만이 개발될 수 없다. 향후 항만 물동량의 성장세가 둔화되는 상황에서 물동량 일변도의 항만성과평가 방식은 스마트 항만 구축을 위한 정보투자를 유인하기 힘들 것이기 때문이다. 게다가 미중 무역전쟁이나 브렉시트 등 보호무역기조가 만연하고 인구감소로 화물 수요가 약화되는 상황에서 물동량이 항만의 성과를 대변한다고 말할 수 없다. 따라서, 기존의 양적 성과 평가방식에서 항만 인프라 구축 및 규모의 적절성, 막힘 없는(seamless) 물류 서비스 제공 여부, 물류 보안 및 안전 기반 구축 정도, 항만의 친환경성, 디지털 항만 구축 정도 등과 같은 항목을 추가해 항만의 성과 평가방식을 다양화해야 한다.

스마트 항만 도입을 위해 해운·항만산업 전반의 스마트화가 필요하다. 그리고 항만 하역노동자의 실직 등 재래식 장비 기술자의 실직은 불가피할 것이기에 스마트 항만 도입에 따른 사회변화와 문제를 선제적으로 예측하고 대응하는 것이 필요하다.

모든 항만이 스마트화되어야 하는지에 대한 고민이 필요하다. 선별적 정책 집행과 투자가 필요하다고 하겠다. 우리나라의 경우 부산, 인천, 광양, 울산 정도의 항만이 스마트화될 필요가 있다고 할 수 있으며, 중소규모의 산업항이나 항만 배후도시 규모가 작은 항만까지 스마트화될 필요는 없다고 볼 수 있다.

14장

해상교통의 네비게이션

장거리 운전을 한다면 미리 휴대전화 네비게이션 앱을 통해 목적지까지 걸리는 시간을 확인한다. 지도 앱으로 검색하는 것보다 항상 시간이 더 걸린다. 지도 앱에서는 현재 교통상황을 반영하지 않기 때문이다.

무더운 여름철 버스 정류장에서 버스를 기다리고 있으면 너무 힘들다. 주변을 살펴보니 정류장 바로 뒤에 은행이 있다. 은행 창구에서 기다리면 청원경찰 눈치가 보이니 옆에 ATM 코너에서 잠깐 들어가면 잠시라도 에어컨 바람을 쐴 수 있다. 그런데 버스가 언제 오는지 알 수가 없어 마음이 조마조마하다. 버스가 오는 것이 보이면 쏜살같이 달려 나가야 한다. 그런데 버스 앱이 있으면 이러한 상황도 문제없다. 버스 정류장에서 실시간 버스 위치 추적 앱을 작동하면 직전 정류장에서 해당 버스가 출발했다는 정보가 전송되고 예상 도착 시간에 맞춰 정류장으로 나가면 되기 때문이다.

처음 가는 곳에서 점심을 해결해야 한다. 이왕이면 이 동네 맛집을 가고 싶다. 그럴 때는 '초록창'에 현재 위치를 지정하고 맛집을 검색하면 된다.

여기까지가 GPS[15]와 네비게이션의 효용이다 이 GPS와 네비게이션이 바다에서도 선박의 위치를 파악하는데 유용하게 사용되는데, 이를 지능형 해상교통정보시스템이라고 한다.

15 Global Positioning System

1 지능형 해상교통정보시스템과 e-네비게이션

스마트 항만과 자율운항선박이 개발되기 이전부터 해운업계는 지능형 해상교통정보시스템 개발을 진행해 왔으며, 현재는 마치 도로의 네비게이션과 같이 선박 안에서도 네비게이션으로 선박의 위치를 전송하고, 안전하고 효율적인 항로 선정에 네비게이션을 이용하고 있다. 지능형 해상교통정보서비스의 정의는 해상교통의 관리를 과학화 · 고도화하기 위하여 정보통신기술을 기반으로 해상무선통신망을 이용하여 선박에 해상교통정보를 제공하는 것이다. 특히, 지능형 해상교통정보시스템은 자율운항선박과 스마트 항만을 연결하는 정보통신의 역할을 할 것으로 기대하고 있다.

지능형 해상교통정보서비스의 핵심 기술은 e-네비게이션(e-Navigation)이라고 할 수 있다. e-네비게이션이란 레이더 등 아날로그 기반의 선박 운항 기술에 첨단 ICT를 적용하여 육상과 선박 간 해양 정보의 실시간 제공과 그 정보의 이용이 가능한 디지털 기반의 차세대 선박운항관리 체계를 뜻한다.

e-네비게이션의 도입을 위해 해사 관련 국제기구에서는 e-네비게이션의 상용화 및 표준화를 위한 제반 작업에 몰두하고 있다. 먼저 IMO는 e-네비게이션이 제공해야 할 17가지 서비스 포트폴리오를 제시하였다. IMO가 정의하는 e-네비게이션의 주요 서비스는 선박의 입출항 모니터링 등 전통적인 VTS 지원, 항로이탈, 주요 장비 고장 등 선박 비상 상황에서의 원격 지원, 원활한 해상 교통을 위한 교통정보 제공, 부두 이접안 지엽적 범위의 교통정보 제공 등으로 구성된다.

IMO e-네비게이션 서비스 포트폴리오

번호	서비스
1	선박 입·출항 모니터링 등 전통적인 해상교통관제(VTS) 지원
2	항로이탈, 주요 장비 고장 등 선박 비상 상황에서의 원격 지원
3	원활한 해상 교통을 위한 교통 정보 제공
4	부두 이·접안 지엽적 범위의 교통정보 제공

5	일반적인 해사 안전 정보 제공
6	도선사의 업무지원 기능
7	예선 업무지원 기능
8	선박→육상 보고업무 간소화(single Window)
9	선내 시스템 원격 모니터링
10	원격 의료지원
11	해양 사고 24시간 지원
12	해도 정보 제공 및 업데이트 서비스
13	해사 간행물 정보 제공 및 업데이트 서비스
14	빙하 관련 정보 제공
15	해양 기상 정보 제공
16	실시간 해상정보
17	수색·구조 지원

자료: 해양수산부, 한국형 e-Navigation 대응 전략

또한, IMO는 2014년 e-네비게이션 전략이행계획을 수립하고 2019년에 서비스 표준을 승인하는 등 국제표준화 작업을 진행하였다. 국제전기통신연합(ITU)과 국제항로표지협회(IALA)에서는 해상무선통신 주파수 분배 및 기술기준 마련을 위한 세부 논의가 진행 중이며, 유럽해사안전국(EMSA)은 해양사고 예방을 위한 디지털 해양안전 관리 방안에 관한 범국가적 전략을 수립하고 이를 이행 중이다.

e-네비게이션 시행으로 해양 디지털기술 도입이 가속화될 것으로 보이고, 이에 따라 해양 안전 관리체계의 변혁 및 디지털 해상교통정보 신규 시장이 형성될 것으로 예상된다. e-네비게이션이 창출하는 신규 시장은 디지털 항해통신 장비, 육·해상 간 디지털 통신 인프라, 해양 디지털 서비스 플랫폼 등으로 예상된다.

2 한국형 e-네비게이션

국내에서도 한국형 e-Navigation(16-20) 연구 개발이 완료되었고, 「지능형 해상교통정보서비스의 제공 및 활성화에 관한 법률」 시행에 따라 2021년 1월 30일부터 지능형 해상교통정보서비스가 세계 최초로 시행 중에 있는데, 이를 바다 네비게이션이라 한다. 또한, 초고속 해상무선통신망(기지국 263개소, 송수신장비 621식) 및 전국 서비스 제공을 위한 9개 센터 등을 구축하였고, 선박충돌·좌초 등 해양사고 위험성 분석 및 경보, 최적 항로 지원, 차세대 전자해도 등 해양 안전 관련 정보의 취합 및 분석·서비스 기술을 개발하였거나 현재 개발 중이다. 또한, 이 제도의 조기 정착을 위해 15,500척 분의 선박 전용 단말기를 보급하였다.

세계 최초의 e-네비게이션인 바다 내비게이션에 대해 알아보자. 바다 내비게이션은 3 톤 미만의 선박은 연안 최대 30㎞ 이내 해역에서, 3 톤 이상 선박은 연안 최대 100㎞ 이내 해역에서 정밀도 높은 전자해도를 제공하는 서비스를 말한다. 이를 통해 선박의 충돌 및 좌초 예방, 실시간 해양 안전 경보의 제공, 안전 항로 지원이 가능할 것으로 전망된다. 특히, 실시간 전자해도 서비스 제공을 통해, 해도로서의 기본 정보를 제공할 뿐만 아니라 바다 내비게이션에서 제공하는 모든 서비스(충돌·좌초 예방지원, 해양안전정보, 최적항로 지원 서비스)를 실시간으로 표출해 안전 항해를 지원한다.

바다 내비게이션이 제공하는 서비스를 세부적으로 살펴보면 다음과 같다. 바다 내비게이션은 우선 충돌·좌초 예방 지원 서비스는 5마일 내 위치 정보 수신이 가능한 모든 선박과 충돌 위험도(선박 속도·길이, 최근접 거리, 조류, 해상교통량 등 종합 분석)를 산출하고 단계별로 경보를 제공한다. 또한, 선박의 좌초 위험성이 있는 저수심 지역으로 항해 시 좌초 위험 경보(선박 흘수 정보, 해도상 수심, 조위 정보를 기반으로 산출)를 제공한다. 교량통과는 10분 전부터 2분 단위로 남은 거리를 음성 및 문자로 안내한다.

바다 내비게이션 서비스 장점

구분	현행	바다 네비게이션
전자해도	수동업데이트(USB 등)	실시간 원격·자동 업데이트
충돌예방	육안/레이더/경험에 의존 판단	충돌·좌초 위험/교량통과 자동안내(음성)
안전정보	항해자가 해도/책자/팩스 등 확인	주변교통상황 등 자동안내
최적항로	항해자가 결정	내비게이션이 안내(차량과 유사)

자료: 현대해양

바다 내비게이션 최적항로 서비스 예시

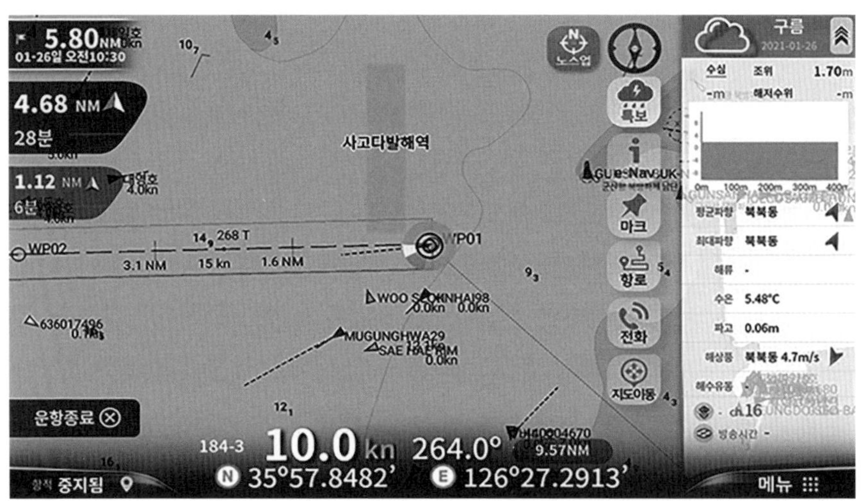

자료: 해양수산부(2021), 제1차 지능형해상교통서비스 기본계획 및 시행계획

바다 내비게이션과 한국형 e-네비게이션 사업의 의의로는 해상에서 초고속 무선 통신망(LTE-M)을 구축하고 이를 통해 국가기관 및 민간영역의 다양한 데이터를 교환 및 활용할 수 있는 국가 해양 안전 플랫폼을 보유하게 되었다는 점이 의의라고 할 수 있다. 또한, 스마트 항만·물류 및 자율운항선박 도입 등 해양의 4차 산업혁명 추진을 위한 디지털 인프라와 해상교통정보 플랫폼 기반을 마련하였다는 점에서도 의의가 있다.

maritime_logistics_digest

4부

해운물류 뉴스 다시 보기

15장

무엇이 한진해운을 파산으로 몰고 간 것일까?[1]

1 들어가며

한진해운은 창업주인 고(故) 조중훈 회장이 대한해운공사(이후 대한선주주식회사로 사명 변경)를 인수하면서 역사가 시작되었다. 한진해운은 한때 세계 7위의 컨테이너 정기선사로 명성을 떨쳤으며, 아시아와 아메리카대륙을 잇는 미주노선에서 세계 최대 선사인 덴마크의 머스크를 제치고 절대적인 강자로 군림하기도 하였다. 하지만 2008년 글로벌 금융위기 발(發) 해운경기 위축, 글로벌 컨테이너선사 간 치킨게임, 과도한 용선료 지불 등으로 한진해운의 경영부실은 심각한 수준이었다. 여기에 최은영 전 회장의 리더십 부재로 회사는 파국에 치달았다. 2016년 8월 31일, 한진해운은 서울중앙지법에 법정관리를 신청했고, 파산 6부는 한진해운의 기업회생절차 개시 결정을 했다. 절대 파산만큼은 없을 것이라던 관계자들과 고위 관료들의 장담에도 불구하고 이듬해 2월 17일, 한진해운은 역사 속으로 사라졌다.

한진해운 파산 원인에 대해 숱한 의혹이 있다. 한진해운이 파산하게 된 결정적 계기는 한진해운이 기업회생절차를 신청한 2016년 9월 청와대 서별관 회의에서

1 이 장은 저자의 논문(한진해운 파산의 원인 분석과 해운재건을 위한 정책 방향 연구, 산업혁신연구 34권 4호: 347-366)의 내용을 기초로 작성하였다.

한진해운을 파산시키고 현대상선(현 HMM) 중심으로 구조조정을 하겠다는 결정이었다고 한다.[2] 이 결정을 두고 당시 해운관계자들은 난색을 표했다. 당시 현대상선의 부채는 한진해운의 그것보다 높았기 때문이다. 이에 대해 항간에는 대한항공이 미르재단에 다른 재벌에 비해 턱없이 적은 돈을 기부했기 때문이라는 소문도 있었다.[3]

무엇이 한진해운을 파산으로 몰고 간 것일까? 정말로 최○○이 한진해운을 파산의 길로 내몬 것일까? 한진해운은 파산할 수밖에 없었던 것일까? 이 장에서는 언론에 보도된 내용을 중심으로 한진해운의 파산 원인을 심층적으로 분석해보자.

국내외 해운기업의 부채비율(2013-2016년)

단위: %

해운기업	2013년	2014년	2015년	2016년	평균
현대상선	1,185	959	2,007	350	1,125
한진해운	1,445	968	816	-	1,077
대한해운	202	161	267	252	221
Maersk	75	63	75	90	76
Hapag-Lloyd	138	142	120	124	131
CMA-CGM	214	188	164	279	211
COSCO	284	246	230	219	245
MOL	202	194	243	248	222
NYK	230	192	166	245	208
K-Line	206	162	194	326	222

2 김영춘 전 해양수산부 장관의 인터뷰(2021년 8월호 新東亞)

3 정치권에서는 대한항공이 미르재단에 기부한 '턱없이 적은 10억'에서 한진해운 파산 원인을 찾기도 했다. 반면 현대상선은 미르재단에 기부금을 내지 않았고, 고액을 기부한 현대자동차도 이른바 '현대그룹 왕자의 난' 이후로 현대상선과는 결별하였다. 그렇다면 한진해운이 아니라 현대상선을 파산시켜야 맞는 것이 아닌가? 따라서 '대한항공의 10억 기부'에서 한진해운 파산 원인을 찾는 것은 무리가 있다.

Yang Ming	324	329	388	736	444
Evergreen	190	191	214	100	174
OOCL	101	108	103	108	105

자료: 최영재(2018), 선박 가격의 합리적 거품에 대한 실증분석, 한국해운물류학회 발표자료

2 한진해운 파산 원인

1) 과도한 용선 계약 체결

언론을 통해 한진해운 파산 원인으로 가장 빈번하게 등장한 것은 단연 '과도한 용선 계약 체결'일 것이다. 2000년대 중반까지 해운 경기는 유례없는 호황기였지만, 2008년 9월 글로벌 금융위기가 불어닥치면서 해운업도 극심한 경기침체를 겪게 되었다. 아래 그림처럼 글로벌 금융위기 이후 BDI, HRCI, WSI 모두 하락한 것을 알 수 있다.

글로벌 금융위기 이후 3대 해운지표의 변화

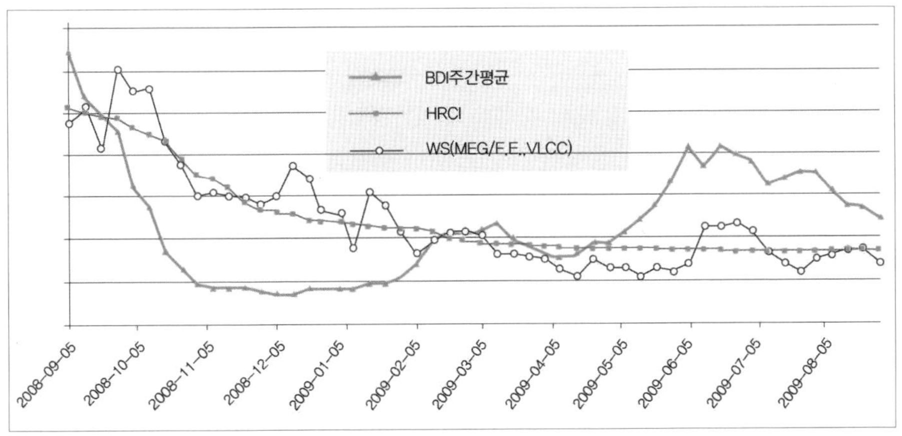

자료: 금융위기 이후 해운시장 동향과 마케팅 여건, 임종관 한국해양수산개발원, CEO 초청 해운시황 설명회

한진해운의 연도별 용선 증감율을 살펴보도록 하자.

기간별 한진해운 용선료 지급규모 증가율

연도 구분	연도별 용선료 증감율(%)
2003-2004	23.85
2004-2005	-1.38
2005-2006	-65.02
2006-2007	**305.40**
2007-2008	**42.44**
2008-2009	-16.28
2009-2010	**15.06**
2010-2011	-2.52
2011-2012	5.11
2012-2013	-1.78

주: 해양수산부 내부 자료를 이용해 저자 작성

연도별 한진해운 용선료 지급규모

단위: 백만 원

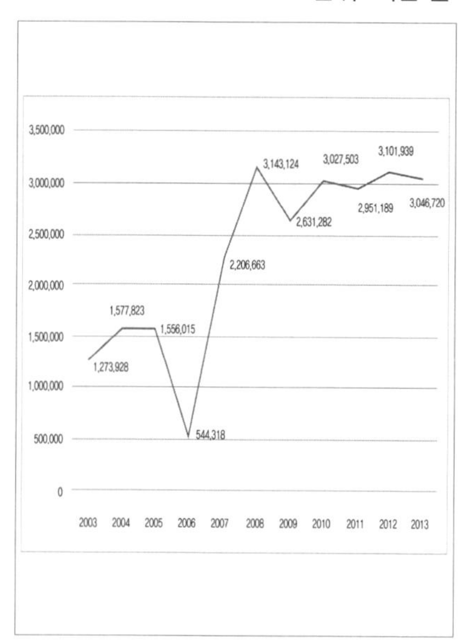

주: 해양수산부 내부 자료를 이용해 저자 작성

2008~2009년 한진해운의 용선료 증감율은 -16.28%를 기록하였다. 2009-2010년 15.06%, 2010-2011년 -2.52%, 2011-2012년 5.11%, 2012-2013년 -1.78%를 기록했다. 2006~2007년의 용선료 증가율이 305.4%로 폭발적이었다. 이 기간을 두고 한진해운의 '과도한 용선 계약'이 이루어진 기간이라고 보는 것이 맞을 것이다. 한편으로는 2006년에 용선료 지급액이 544,318백만 원으로 용선에 소극적이다가 2007년과 2008년에 과도한 용선에 뛰어든 것이 더 큰 패착이라고 볼 수 있다.

그렇다면 경쟁 선사들은 같은 기간 용선 비중이 증가하지 않은 것일까?[4] 2005년 11월 대비 2008년 7월 머스크 용선 증가율은 -7.32%, MSC의 경우 -29.5%, Evergreen -11.69를 기록하는 등 글로벌 선사들은 용선에 소극적이었다. 동 기간

4 자료 확보의 한계로 해외선사들의 자료는 톤수 기준 용선의 선복량을 근거로 설명한다.

한진해운과 현대상선의 용선 증가율은 -0.7%와 -0.4%로 호황기에도 불구하고 꾸준하게 용선을 유지한 것으로 보인다.

주요 해운기업 용선 증가율(선복량 기준)[5]

단위: TEU

	2005년 12월	2008년 7월	증가율(%)
Maersk	1,227,098	976,962	-7.32
MSC	1,627,600	570,406	-29.5
Evergreen	392,316	270,157	-11.69
CMA-CGM	1,213,154	643,194	-19.06
NYK	216,429	145,483	-12.4
COSCO	388,089	203,157	-19.41
OOCL	203,615	149,070	-9.87
K-Line	310,367	135,755	-24.09
Hapag-Llyod	436,916	240,481	-18.5
Yang Ming	196,481	105,202	-18.8
현대상선	165,080	161,588	-0.71
Wan Hai	168,523	43,652	-36.25
한진해운	247,078	243,910	-0.43

자료: Alphaliner 각 연호

그렇다면 왜 개미 투자자의 전형적인 오류인 '고점 매매'를 한진해운이 범한 것일까? 이 질문에 이승현 전 한진해운 부사장은 이렇게 답한다.

5 한진해운의 척수 기준 용선 증가율은 -0.43%이지만 2005~2008년 사이 용선료 지급 증가율은 26.41%이다. 따라서 한진해운은 고가의 용선 계약(고점 매매)에 장기 계약으로 빚더미에 앉은 것을 알 수 있다.

"외환위기 때 김대중 정부가 해운업 특성을 고려하지 않고 모든 기업 부채비율을 200%로 맞추게 했다. 해운은 대단위 투자가 필요한 산업이다. 한 척만 배를 지어도 부채비율이 몇백 퍼센트씩 올라가는데 한진해운이 배를 지을 수 있었겠나. 그리고 정부가 요구한 200% 부채비율을 맞추기 위해 선박을 처분했으니 고액이라도 용선을 할 수밖에 없었다."(이승현 전 한진해운 부사장 인터뷰, 파이낸셜뉴스, 2016)

한진해운의 용선 계약 체결은 IMF 이후 산업 구조적 원인에 기인했다고도 볼 수 있다. IMF 이후 줄곧 배가 부족했으니 호황기지만 어쩔 수 없이 용선을 했을 수 있다. 그러나 그 규모와 비용은 비이성적이고 폭발적이었다. 용선의 시기 또한 부적절했다. IMF 산업구조조정으로 배가 없었다 하더라도 한진해운을 좌초하게 한 '호항기 고가의 용선 계약'은 훗날 한진해운 파산의 씨앗이 되었다. CEO는 '성과를 보여주기 위해', '시황 추종적', '타인 모방적'으로 용선을 단행했을 것이다. 그리고 그 결정에는 '지금 선복을 확충 안 하면 바보 취급당하는 분위기'가 한몫했을 것이다.[6]

2) 선박 대형화

선박 대형화와 한진해운 파산은 어떤 관련이 있을까? 2008년 글로벌 금융위기가 불러온 해운 경기 불황은 컨테이너선사들에게 많은 선택지를 주지 않았다. 거기에 해운동맹 와해로 운임 경쟁이 촉발해 컨테이너선사들은 선박의 대형화에 집중하였다. 그리고 초대형 선박의 만선 항해를 위해서는 선사 그룹이 공동으로 화주 영업을 해 공동으로 운항하는 '전략적 제휴'가 필요해졌다. 따라서 오늘날 선박 대형화와 전략적 제휴가 크게 확산된 배경에는 중국 특수의 소멸, 2008년 글로벌 금융위기와 EU의 해운동맹 폐지가 있는 것이다.

선박 대형화의 원인에는 이외에도 '머스크-수출입은행-대우조선해양'으로 이어지는 '뼈아픈 협력'이 한몫했다. 아래 이승현 전 한진해운 부사장의 인터뷰를 살펴보자.

---

6 해양한국 2011년 해운기업 CEO 좌담회, 선박 확보의 시장정서(market sentiment)에 대해서는 11장 '선박 영끌의 경제학'을 참고하기 바란다.

"2008년 글로벌 금융위기로 촉발된 해운 경기 불황으로 운송 수요가 급감하면서 컨테이너선사는 원가 절감을 위해 선박 대형화가 더욱 필요하였다. 이런 와중에도 정부는 수출 성과를 보여주기 위해 수출입은행을 통해 덴마크 선사 머스크에 1만 8000TEU급 초대형 컨테이너선 20척에 대한 파이낸싱을 해줬다. 가장 큰 선박은 2만 2000TEU였다. 20척 모두 대우조선해양에서 지었다. 한 척에 약 2억 달러로 한번에 40억 달러 수출 성과를 올린 거다. 우리나라 정부가 다른 나라 선사에는 앞장서서 일감을 몰아주고 하면서 왜 한국 선사는 등한시했는지 모르겠다. 우리는 원가경쟁에서 밀릴 수밖에 없다. 그러니 싸움이 되지 않았던 거다."[7]

머스크의 연도별 인도 선박의 평균 크기

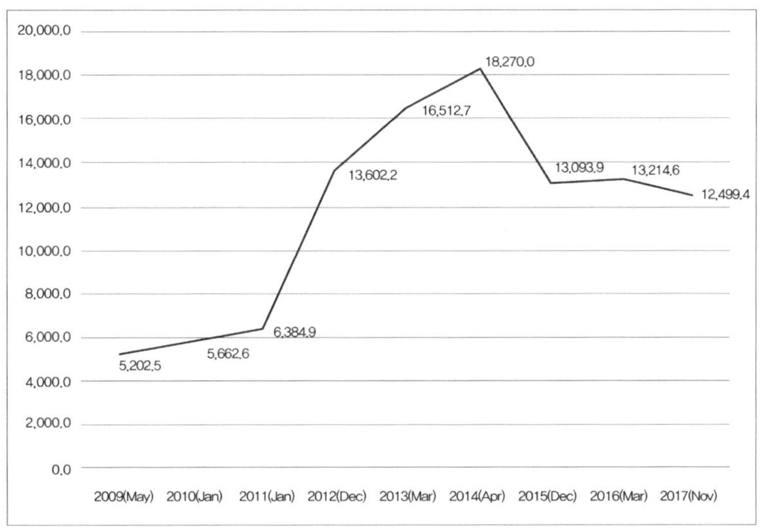

자료: Taylor Tae-Hwee Lee, Jong-Khil, Han(2018), Optimal Korea's Government Organization of Shipping and Shipbuilding, The Asian Journal of Shipping and Logistics 34(3): 234-239

산업통상자원부(당시 지식경제부)와 수출입은행이 '성과 알리기'에 급급해 해외 선사에게 선박금융을 지원하고 이를 우리 조선소에서 건조하게 함으로써, 결과적

7 이승현 전 한진해운 부사장 인터뷰, 파이낸셜뉴스, 2016

으로 선박 대형화를 촉진하고 결과적으로 '상대적으로 대형 선박을 많이 보유하지 못한 한진해운'이 열위를 보였다는 것이다.

3) 선사 간 치킨게임

치킨게임이란 어느 한쪽이 양보하지 않을 경우 양쪽이 모두 파국으로 치닫게 되는 극단적인 상황을 일컫는다. 이 용어는 1950~1970년대 미국과 소련 사이의 극심한 군비경쟁을 비판하는 용어로 사용되면서 국제정치학 용어로 굳어졌다. 오늘날에는 정치학뿐 아니라 여러 극단적인 경쟁으로 치닫는 상황을 가리킬 때 많이 사용된다.[8]

Alphaliner에서 제공되는 상위 100대 컨테이너선사의 선복량은 2008년 11,970천 TEU에서 2017년 20,544천 TEU로 72% 증가하였다. 특히 선복량은 2년을 주기로 증가율이 높게 나타나고 있으며, 2011년, 2012년, 2015년, 2017년의 전년 대비 선복 증가율이 특히 높은 것으로 나타났다. 시장집중도를 나타내는 CR(Concentration Ratio)와 허핀달-허시먼 지표(Herfi ndahl-Hirschman Index)도 '상위 컨테이너선사 간 치킨게임'을 증명한다. 2008년 CR3와 CR4가 각각 0.358과 0.41에서 2017년 0.446과 0.534로 나타났다.[9] 즉, 선사 간 치킨게임의 양상은 '경쟁적 선복 확충' 즉, '선박 대형화'로 수렴된다.

여기에는 다양한 원인이 있다. 우선 유럽이 해운동맹을 폐지하자 운임 경쟁이 촉발되었고, 2008년까지 이어진 중국 특수로 선박의 공급이 늘어난 상황에서 2008년 9월 글로벌 금융위기가 발생하자 화물 수요가 급감해 '공급과잉'이 벌어진 점이 '경쟁적 선복 확충을 통한 치킨게임'을 유발했다.

---

8 걸그룹의 노출 경쟁, 인터넷신문의 가십성 보도 경쟁, 미중 무역전쟁 등이 치킨게임의 예라고 할 수 있다.

9 상위 3개 컨테이너선사의 시장점유율이 44.6%, 상위 4개 컨테이너선사의 시장점유율이 53.4%로 과점 시장의 형태를 나타내었다.

상위 100대 해운선사 선복량

연도	2008년	2009년	2010년	2011년	2012년
선복량 (TEU)	11,970,722	12,392,120	12,495,070	14,134,239	15,818,107
전년 대비 증가율(%)		3.5%	0.8%	13.1%	11.9%
연도	2013년	2014년	2015년	2016년	2017년
선복량 (TEU)	16,122,842	16,987,316	18,956,402	18,984,440	20,544,420
전년 대비 증가율(%)	1.9%	5.4%	11.6%	0.1%	8.2%

자료 : Alphaliner - Top 100 : Operated fleets

컨테이너선사의 시장집중도 추이

년도	CR3	CR4
2008년	0.358	0.410
2009년	0.364	0.415
2010년	0.367	0.411
2011년	0.369	0.412
2012년	0.393	0.438
2013년	0.392	0.438
2014년	0.385	0.436
2015년	0.395	0.444
2016년	0.394	0.475
2017년	0.446	0.534

4) 비전문 경영인 리스크

한진해운 파산으로 언론의 많은 질타를 받은 이는 단연 최은영 전(前) 회장과 그 경영진일 것이다. 최은영 전 회장은 한진해운이 어려워지는 가운데 한진해운홀딩스라는 자회사를 만들어 한진해운 여의도 사옥 관리를 통해 수익을 올리는 모습을 보였고, 한진해운의 알짜 계열사를 바탕으로 유수홀딩스를 창업하고 외식 사업에도 진출하였다. 한편 최은영 회장의 재임 시절, 당시 경영진들도 시황을 오판해 과도하게 용선 계약을 체결하는 등 많은 의사결정의 오류가 있었음을 알 수 있다. 아래 김영민 전 한진해운 사장의 인터뷰를 살펴보자.

“2004년 호황 이후 빠른 선사는 05-06년 사이, 늦은 회사는 07년에 신조발주에 나섰죠. 그러나 안타깝게도 한진해운과 현대상선의 신조발주는 타이밍이 늦었고 발주량도 처음엔 부족했습니다. 2007년에 주로 신조 용선과 사선을 발주했습니다. 재무상태의 호전을 발판으로 해서 장기성장을 도모하기 위한 적극적인 신조발주에 나섰는데, 2008년 해운위기 싸이클과 겹치는 바람에 2009년에는 초유의 위기를 겪었죠.”[10]

조수호 회장의 미망인 최은영, 그리고 은행원 출신의 당시의 경영진을 고용할 수밖에 없었던 이유는 무엇일까? 아래 이승현 전 한진해운 부사장의 인터뷰를 살펴보자.

“조중훈 전 한진그룹 회장이 돌아가시면서 셋째 조수호 전 회장이 한진해운을 맡았다. 조수호 회장은 중학교 때부터 미국으로 건너가 MBA를 마친 후 한진해운에 합류했다. 어려서부터 미국에 나가있다 보니 한국에 인연이 없었다. MBA에서 함께 공부하던 사람들이 가장 친한 친구들이었다. 이 사람들을 조수호 회장이 한진해운으로 데려와 비서실, 총무실, 기획실 등 요직에 배치했다. 이들은 대부분 씨티뱅크 출신이었다. 당시 해운업 호황으로 돈을 많이 벌었는데 씨티뱅크 출신들을

10 김영민 전 한진해운 사장 인터뷰, 월간 해양한국, 2011

데리고 왔다는 건 그쪽에 재테크하겠다는 의미다. 하지만 마무리를 제대로 못 하고 안타깝게 일찍 돌아가셨다."[11]

3 마치며

한진해운 파산의 네 가지 원인을 구조적으로 분석하였다. 과도한 용선 체결에는 IMF가 기업의 부채비율 200% 이하 원칙을 전 산업에 동일하게 적용하면서 생겨난 산업구조적인 측면에서 기인하였다. 두 번째, 선박 대형화는 수출입은행과 대우조선해양 그리고 머스크로 이어지는 '덴마크 해운과 한국 조선의 뼈아픈 협력'이 한진해운을 한층 더 어렵게 했으며, 선박 공급 과잉으로 정기선 산업생태계를 무너뜨렸다. 세 번째, 선사 간 치킨게임에는 2008년 유럽에서 벌어진 해운동맹 와해가 선사 간 치킨게임의 불씨가 되었다. 마지막, 비전문 경영인 리스크는 조수호 전 회장의 국내 인맥 부족에서 기인한 측면이 있음을 확인할 수 있다.

이 장에서 정부 지원 부족에 대해서는 다루지 못하였다. 2008년 글로벌 금융위는 한진해운뿐만 아니라 글로벌 컨테이너선사들을 위기에 빠트렸다. 각 정부는 해당 선사에게 많게는 16조 원(중국 코스코)에서 적게는 1조 원(독일 하팍로이드)의 금융을 저리로 지원하였지만, 우리 정부는 한진해운에 대해 금융 지원은 없었다.

6.25 전쟁의 원인은 북한의 남침이지만 북한이 남침하게 된 근본 원인은 당시의 사회적·국제정치적 배경과 맥락에서 찾을 수 있을 것이다. 한진해운의 파산 원인은 구조적이고 복합적으로 얽혀있다. 무엇이 한진해운을 파산으로 몰고 갔는지 '눈에 보이는 원인'에 대해서만 처방을 내려서는 '근본적인 문제 해결'이 되지 않는다.[12]

한진해운 파산 이후 해운업계는 눈에 보이는 원인에 대해서만 접근하는 것 같아 우려스럽다. 전쟁 억제를 위한 근본적인 해결책이 휴전선을 정비해서는 진정한 전쟁 억제가 안 될 텐데 말이다. 무엇보다 '한진해운 파산의 구조적 원인에 대한 분석과 해법'이 '해운재건 계획'에 담겨있어야 한다. 우리 해운업계가 '근본

11 이승현 전 한진해운 부사장 인터뷰, 파이낸셜뉴스, 2016

12 그런 의미에서 정부 지원 부족도 한진해운 파산의 구조적 원인이나 근본 원인은 되지 않는다.

원인'은 덮어둔 채 '외형'만 갖추는 모습만 보여 우려스럽다. 그러나 이미 주사위는 던져졌다.

한진해운 파산 원인의 구조

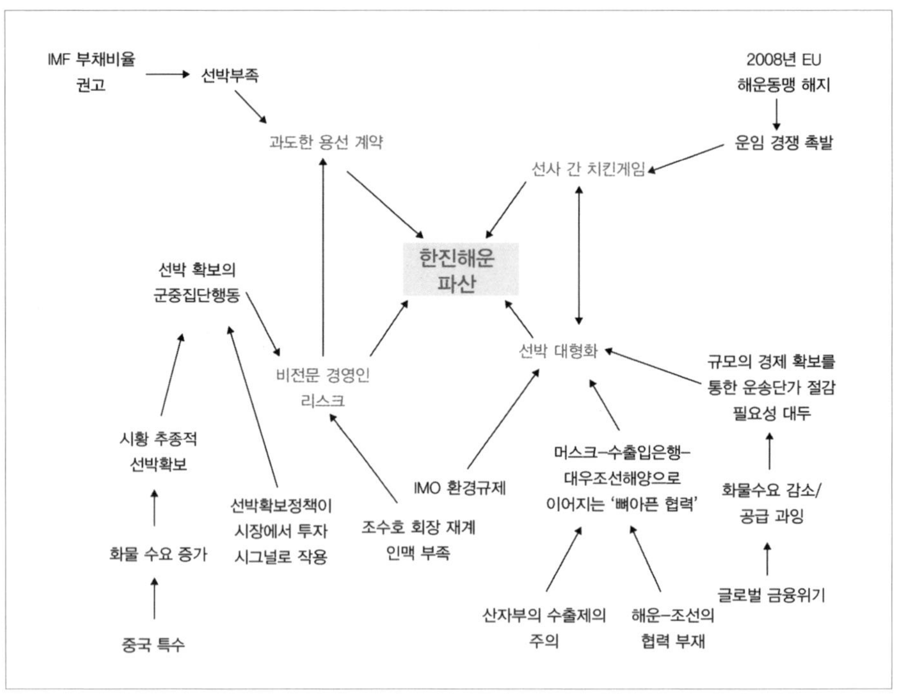

16장

코로나 19가 컨테이너 해운업에 던지는 연습 문제[13]

1 라마단과 중동 항로의 거래량

드라마 <미생>에서 원칙주의자 철강팀 강 대리는 서울대 독문과 출신의 신입 사원 장백기에게 혹독한 '신입 교육'을 시킨다. 문서의 오탈자를 체크하게 하고, 사내 양식에 맞춰 표를 정리하게 한다. 엘리트 사원 강 대리는 바로 업무에 투입되고 싶어 하지만, 기초적인 '신입 교육'에 회의를 느끼고 이직을 알아보기까지 한다. 하지만 강 대리는 이런 장백기에 아랑곳하지 않는다. 급기야 장백기에게 문장 줄이기 연습을 시킨다.

"이슬람 최대 명절 중 하나인 라마단이 8월 18일에 끝났습니다."
"따라서 중동항로의 거래량과 실재 적재비율이 다시 늘어날 것으로 보입니다."

---

13 이 장은 저자의 논문(COVID-19 판데믹 전후의 컨테이너 해운업 동향분석과 해운재건을 위한 정책 방향 연구, 한국항만경제학회지 37(2): 19-31)의 내용을 기초로 작성되었다.

라마단 기간에 무슬림들은 생업을 중단하고 해가 떠 있는 시간에는 식음을 전폐하며 오직 기도에만 집중한다.[14] 무슬림 국가에게 라마단은 "모든 것의 멈춤'을 의미한다고 할 수 있다. 무슬림 국가에서 경제 활동과 소비 활동이 감소하는 만큼 무슬림 국가의 교역도 멈추게 된다. 당연히 중동항로를 오가는 선박의 운항은 줄어들게 된다. 2015년부터 2019년 사이 대체로 라마단 기간(매년 5~6월 혹은 6~7월) 전후로 중동항로의 SCFI가 감소하는 것을 알 수 있다.

라마단 기간 중동항로 SCFI 추이(15-19년)

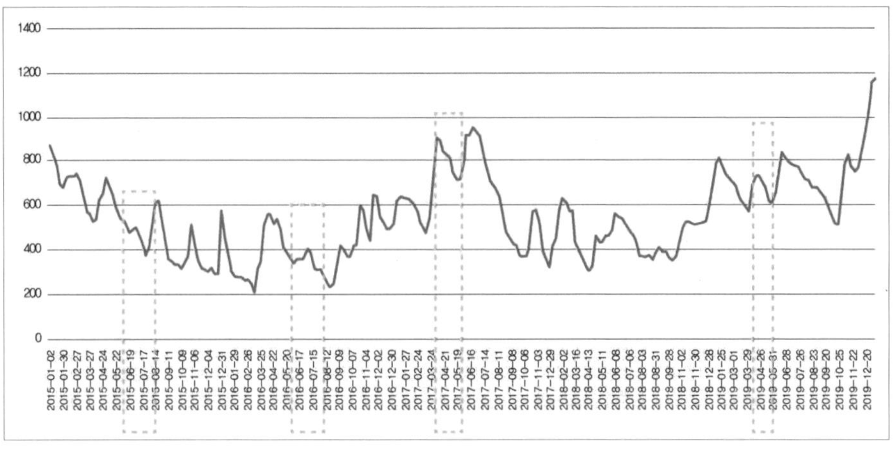

자료: 상하이해운교역소

2019년 12월 중국 후베이성 우한시에서 코로나 바이러스감염증-19(SARS-CoV-2, 이하 코로나 19) 확진자가 처음 발생한 이후 G7 모든 국가에서 코로나 19에 의한 사망자가 발생하였다. 우한에서 첫 확진자가 발생하고 두 달 만에 벌어진 일이다. 이에 세계보건기구(WHO)는 2020년 1월에 국제적 공중보건 비상사태를 선언하였고 3월에는 팬데믹(pandemic), 즉 세계적 범유행으로 격상시켰다.

코로나 19의 강력한 전파력은 전 세계를 큰 충격에 빠트렸고, 각국은 방역 조치와 국경 봉쇄, 사회적 거리두기로 코로나 19에 대응하였다. 2020년 상반기만 하

---

14 이 외에도 흡연과 성행위 등이 금지된다.

더라도 코로나 19가 세계 경제에 가져올 충격이 어느 정도인지 그 충격이 얼마나 지속될지 아무도 내다보지 못했으며, 경기부양책을 통해 팬데믹에 의한 경제 충격을 완화하는 것 외에는 다른 대안이 없어 보였다.[15]

IMF와 WTO는 코로나 19로 2020년 하반기 세계 경제의 마이너스 성장과 세계 교역의 감소를 전망하였다. 2020년 상반기 한국해양수산개발원(KMI)은 '코로나 19 확산의 경제적 파급효과와 해상물동량 변화 전망'이라는 레포트를 통해, 코로나 19가 전 세계 공급망을 붕괴하고 감염 공포 확산으로 소비 위축을 야기할 것이라 전망하였다. 또한, 코로나 19가 해상화물 수요를 감소시키고 선박 공급을 둔화시켜 해운 경기가 침체될 것이라 전망하였다.[16]

2020년 상반기만 하더라도 해운업계는 KMI의 해운 경기 전망을 대체로 수긍하는 분위기였다. 그런데 2020년 7~8월 사이 컨테이너 해운업계에 이상한 현상이 감지되기 시작했다. 그것은 수출기업들이 배를 구하지 못해 수출을 못 한다는 소식과 컨테이너 해운 시황이 고공 행진을 기록하고 있다는 것이었다.[17] 심지어 한국타이어는 수출용 선박을 구하지 못해 공장 가동을 중단하기까지 했다. 코로나 19는 어떻게 컨테이너 해운업을 살아나게 한 것인가? 코로나 19 팬데믹 이후 컨테이너 해운업에는 무슨 일이 있었던 것인가? 이 장에서 코로나 19가 어떻게 컨테이너 해운업을 살아나게 했는지 수요와 공급 측면에서 해상운임 상승 요인을 분석해보자.

---

15 Mitigating the COVID Economic Crisis: Act Fast and Do Whatever It takes, CEPR Press, 2020; Economics in the Time of COVID-19, CEPR Press, 2020; 팬데믹 머니, 감염된 경제, 풀린 돈의 역습에 대비하라, 2020

16 KMI는 2020년에 컨테이너 물동량이 12% 내외로 감소할 것으로 내다보았다.

17 상하이 컨테이너 운임지수(SFCI: Shanghai Containerized Freight Index)는 2019년 11월 1일 847.11 포인트에서 코로나 19가 본격적으로 확산세에 접어든 2020년 1월 이후 1,000 포인트 밑으로 떨어졌다. 같은 해 6월 1,000 포인트 수준을 회복하더니, 7월에는 1,100 포인트로 상승, 8월에는 1,200 포인트대로 상승하였다. 2020년 10월 SCFI는 1,500 포인트대로 상승했고, 12월 기준 2,100포인트를 기록 중이다.

2 코로나 19는 어떻게 컨테이너 해운을 살아나게 했는가?

1) 공급 측면의 분석

해운업의 호황의 시작은 코로나 19 확산으로 화물 수요가 감소하자 많은 선사들이 선박 가동 중단(계선: idling)과 임시 휴항(blank sailing)으로 대응하기 시작하면서부터라고 알려져 있다. 2020년 6월 정재헌 HMM 본부장은 한 인터뷰에서 '선사들이 코로나 19로 공생을 택했다'고 전한 바 있으며, 부산항만공사도 2020년 6월 선사들에게 선박료를 3개월 후에 납부할 수 있도록 조치했던 것을 보면 대체로 화물 수요가 급감하고 선사들이 임시 휴항을 선택했다고 볼 수 있을 것 같다.

코로나 19 발병 이후 2020년 6월까지 전 세계 해상화물은 급감했고, 선사들은 긴축 경영에 들어갔다. 글로벌 컨테이너선사들은 전체 2,300만 TEU 정도의 공급량에서 270만 TEU를 일시적으로 중단해 공급량을 줄인 것으로 알려졌다.[18]

사실 선사들의 공급 축소는 코로나 19 발병 이전부터 시작되었다. 선사들이 IMO 2020 환경규제에 맞춰 스크러버 설치를 위해 선박들을 계류하는 비중을 높여나가고 있었기 때문이다. 코리아쉬핑가제트의 외신 보도를 살펴보면, 2019년 12월 말 운항을 멈춘 컨테이너선이 전체 선대의 6%까지 늘어났다.[19] 2019년 12월 말 운항 가동 중단 선박은 총 226척 138만 TEU로 과거 3년간 가장 높은 수준이었다. 138만 TEU의 가동 중단 선박 중 스크러버 설치 공사를 위해 수리 조선소에 들어간 선박은 60%인 87만 8,000TEU였다. 아래 그림은 가동 중단 선박의 추이를 나타내는데, 2019년 연말부터 가동 중단 선박이 큰 폭으로 증가한 것을 알 수 있다.[20]

---

18 Seatrade Maritime News, 2020.6.3

19 코리아쉬핑가제트(컨테이너 계선 8월 말 80만 TEU… 한 달 새 40만 TEU↓, 2021년 1월 29일 검색)

20 글로벌 금융위기 여파로 2009년 4월 컨테이너선의 계선 규모는 전체 선복의 10.6%(134만 TEU, 506척)에 달하였던 것을 보면, 스크러버 설치 중인 총 선복은 상당했던 것을 알 수 있다.

가동 중단 선박의 연도별 현황 (2018.11~2020.1)

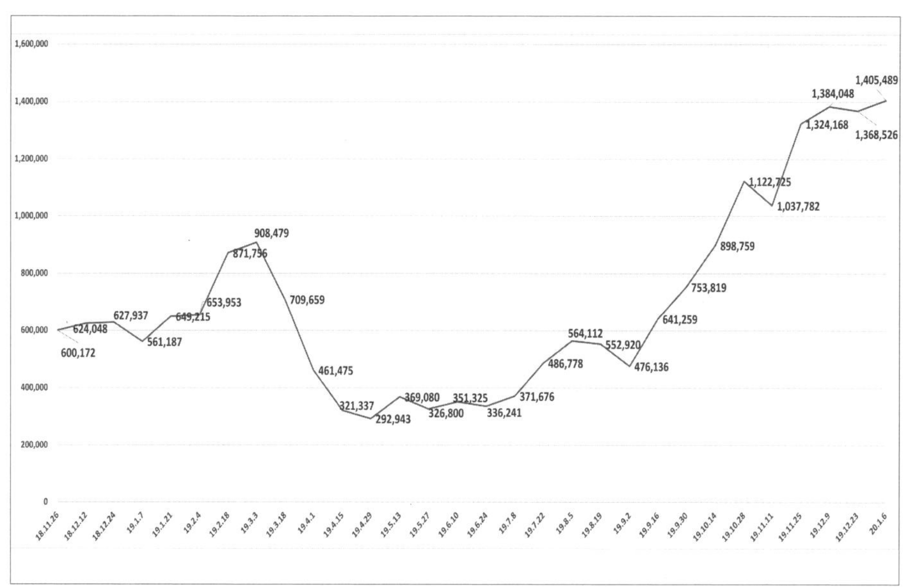

자료: Alphaliner Monthly Monitor 2020 Jan을 근거로 저자 작성

이러한 추이는 2020년 5월에도 확인이 되는데, 전 세계 컨테이너 선복 중 11.6%(272만 TEU)가 Idling capacity이며, 가동 중단 선박 중 21%(57만 TEU)는 스크러버 설치 중인 것이고 것이고, 나머지 79%(215만 TEU)는 임시 운항 중단 선박의 규모인 것으로 알려진다.[21]

이 외에도 컨테이너 해운 서비스 품귀 현상을 만든 요인은 다음과 같다. LA 항만 노동자의 코로나 19 확진으로 LA 항만이 잠시 운영 중단에 들어갔다거나, 미국 정부가 코로나 19 확산을 막기 위해 실업 급여를 대폭 늘렸는데 이 때문에 LA 항만의 노동자 부족으로 항만이 극심한 체선·체화를 보였다고 전해진다. 또한, 임시 결항은 컨테이너 박스 회송 문제를 발생시켰는데, 이 때문에 우리 수출화주들이 수출용 컨테이너를 구하지 못해 수출을 못 하는 일이 벌어지기도 했다.[22]

---

21 https://www.seatrade-maritime.com/

22 수출국에서는 수출용 컨테이너가 부족해 선박이 임시 휴항을 할 수 있고, 수입국 항만에서는 선박이 도착하지 않아 컨테이너가 수출국으로 회수되지 않는 악순환이 벌어질 수 있다.

2) 수요 측면의 분석

코로나 19 발(發) 해운 불황은 공급 축소 요인의 작동과 함께 수요의 증가로 예상보다 길지 않았다. 먼저 미국의 소비가 살아나기 시작하면서 해상화물 수요가 증가하기 시작하였다. 언론에 따르면, 미국은 강력한 경기부양책[23]과 재난지원금[24] 대거 지급으로 코로나 19로 인해 억눌렸던 소비가 보복 소비[25]로 나타나기 시작하였다고 전해진다. 2020년 미국에서 지급된 재난지원금의 44%가 소비로 이어졌다는 분석 결과도 있다.[26]

또한, 재난지원금과 실업급여 지급 확대가 야외 활동 제한과 맞물려 디지털제품, 홈스테이제품 등 내구소비재(durable goods) 소비가 증가한 것도 물동량 증가로 이어져 운임 상승을 견인한 것으로 알려져 있다.[27]

또한 미국의 수요 증가에는 미국인들이 휴지나 세제 같은 생필품과 마스크를 광적으로 매입하는 '공황 구매(panic buying)'에 기인하는 측면도 있다. 공황 구매는 두려움이나 군중심리에 기인하는 것으로, 자가진단키트의 공급이 부족해 가격이 상승할 때 많은 사람들이 이를 '사재기'하는 것과 일맥상통한다. 팬데믹 기간 미국인들의 공황 구매는 미국 유통업의 재고를 소진했고 이는 해상화물 수요 증가로 이어졌다.

---

23 미국 바이든 행정부의 경기 부양책은 총 6조 달러로 미국 GDP의 28%의 규모이다.

24 미국은 코로나 19 사태 때 사실상 무차별 지원을 택했다. 2020년 3월 1차로 대다수 미국인에게 1인당 최대 1,200달러의 현금을 줬다. 이어 12월 1인당 최대 600달러의 2차 현금을 지원했다.

25 외부요인에 의해 억눌렸던 소비가 한꺼번에 분출되는 현상을 일컫는다.

26 조선일보(상상도 못할 부양책… 美상하원 장악 민주, 바로 돈 뿌릴 듯, 2021년 1월 29일 검색)

27 The surprise cargo boom seen last year was due mainly to booming e-commerce, as consumers in countries in lockdown ordered huge quantities of household utilities. 코로나 19로 야외활동이 어려워지자 홈시어터와 같은 백색가전의 소비가 증가하였고, 웰니스(wellness) 가전이나 스마트홈 기기의 소비가 증가하고 있다.(코로나 19가 바꾼 미국 소비 트렌드, 코트라)

공황 구매

자료: https://www.cnbc.com/

3 코로나 19가 컨테이너 해운업에 던지는 연습 문제

코로나 19로 화물 수요가 급감할 것을 예견한 선사들이 임시 휴항과 가동 중단으로 대응하면서 해운업이 호황을 보였다는 주장은 이해가 가지 않는 부분이 있다. 주지하듯이 코로나 19 발병 이전 컨테이너 해운업은 공급 과잉 상태였다. 급작스러운 호황이 선사들의 공생 전략에 기인한다는 주장은 코로나 19 발병 이전까지 남아돌았던 배를 묶어둠으로써 인위적으로 컨테이너 해운업의 수요가 공급을 초과하게 만들었다는 것인데, 그렇다면 선사들은 남아도는 배가 있어도 '수출 대란' 사태를 방관했다는 말인가.

컨테이너 해운 수요/공급 연도별 추이(2000-2019)

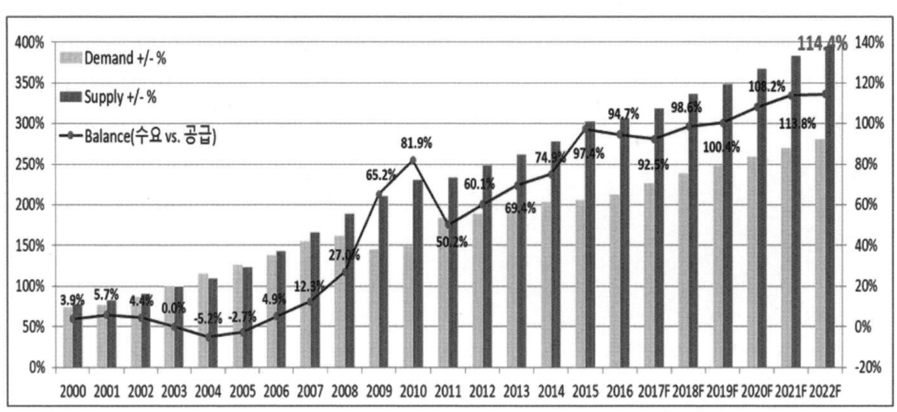

자료: Drewry Maritime Research, 3Q 2018 & AlphalinerNov. 2018, Deep dive 컨테이너 해운 시황 분석 및 2019년 Forecast, 밸류링크유 재인용

이에 대해 2021 부산항 국제컨퍼런스의 발표자로 나선 OECD의 올라프 마크(Olaf Merk)는 선사들의 계선 철회 시기가 부적절했다고 지적하였다. 컨테이너 해상 운임이 오르기 시작한 것은 2020년 5월부터인데,[28] 계선 선박의 복귀는 12월부터 이루어졌기 때문이다.

스크러버 설치를 위해 가동 중단을 선언한 선박이 복귀한 것이 12월부터라 하더라도, 임시로 휴항을 선택했던 선박은 다시 서비스를 재개했을 것인데 왜 선복이 부족했던 것일까? 전 세계 10%의 선박이 가동 중단 중이고, 그중 10%가 스크러버 설치 중이라면, 대다수 선박은 가동 중이거나 임시 휴항 중이라는 말인데 왜 선박이 부족했던 것일까?

2020년 12월부터 계선 선박의 복귀가 이루어졌다면 운임이 오르기 시작한 시기 이후에도 스크러버 설치를 위해 계선을 단행한 선박이 있을 수 있다. 팬데믹 초기에 임시 휴항했다가 5-6월부터 운항을 재개한 선박이나, 가동 중단 없이 운항을 계속해오던 선박 중 일부가 스크러버 설치를 위해 가동을 중단했고, 이 선박들이

28 SCFI 종합 지수는 2020년 6월 둘째 주부터 상승하기 시작하였다.

12월부터 다시 투입되었을 가능성이 있다.[29]

팬데믹 전후의 컨테이너 해상운임과 세계 선복량 추이[30]

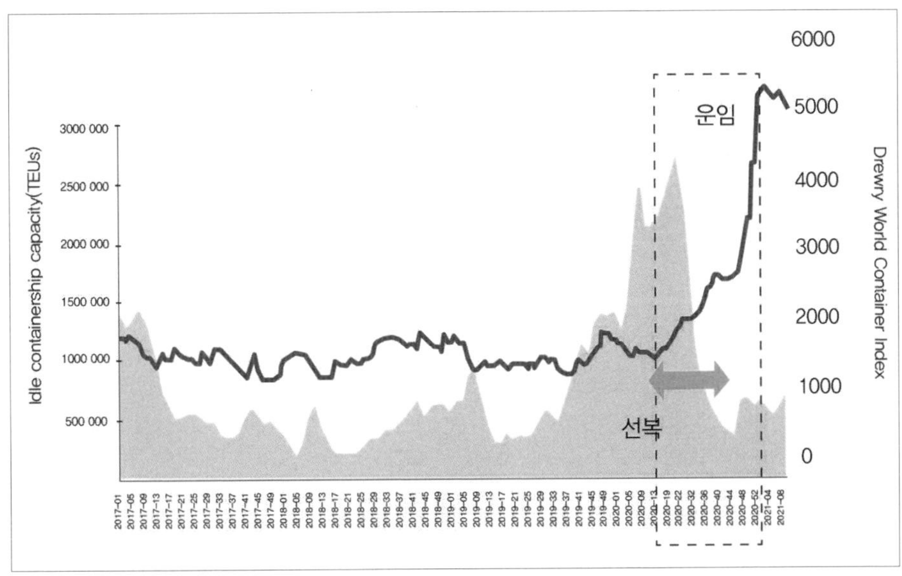

코로나 19가 어떻게 컨테이너 해운을 살아나게 했는지는 원인 규명 작업이 부족하다. 언론을 통해 알려진 이유를 곱씹어보면 이해되지 않는 것이 많다. 언급한 대로 임시 휴항을 통해 공급이 축소되자 운임이 상승했다는 것이 대표적인 예이다. 야외 활동에 제한이 생겨 홈스테이 제품 등 내구재 소비가 증가했고 이것이 수요를 견인했다고 한다. 하지만, 내구재 소비는 일회성으로 끝나지 지속적으로 발생하지 않는 것이 보통이다.[31] 게다가 미국은 2022년 4월 1일 기준 누적 확진자 수

---

29 조선소에서 스크러버를 설치하는 데 통상 4-6주가 소요된다. IMO 환경규제를 준수하기 위해 10월까지 선박들이 스크러버 설치를 위해 가동 중단을 했을 가능성이 있다.

30 Olaf Merk, 2021 부산항국제컨퍼런스 발표 자료(부산항만공사 유튜브 채널)

31 코로나 19로 비대면 활동과 재택 근무가 늘자 사람들이 PC를 교체하고 태블릿 PC를 구매한다. 이러한 구매는 한두 번으로 끝나는 것이 보통이지, 코로나 19 기간 내내 지속적으로 이루어지지 않는다.

가 8,000만 명으로 압도적인 세계 1위의 오명을 기록 중이다. 국내에서는 2021년 11월부터 단계적 일상 회복(이른바 위드 코로나)이 조심스럽게 시행되었지만, 미국은 2020년 초반부터 CDC(미국 질병통제예방센터, Centers for Disease Control and Prevention)가 백신을 맞은 사람은 마스크를 쓰지 않아도 된다는 변경 지침을 내놓는다거나, PGA 골프 대회에서 갤러리들이 마스크를 쓰지 않은 채 경기를 관람하는 것을 볼 수 있는 등 사실상 '위드 코로나'였다고 볼 수 있다.

다음 그림은 Google Mobility Index(지역사회 이동보고서) 자료 중 미국인들이 일 평균 집에서 보내는 시간(Time Spent at Home)과 미국 서부 항만의 SCFI를 월 평균으로 정리한 것이다. 이동 제한으로 집에서 보내는 시간이 많아지자 내구재 소비를 증가시켰다는 분석과는 다르게, 집에서 보내는 시간과 운임이 반비례한 것을 알 수 있다. 그렇다면 수요를 견인한 요인은 도대체 무엇이란 말인가.

Time Spent at Home Index와 미 서안 SCFI 추이

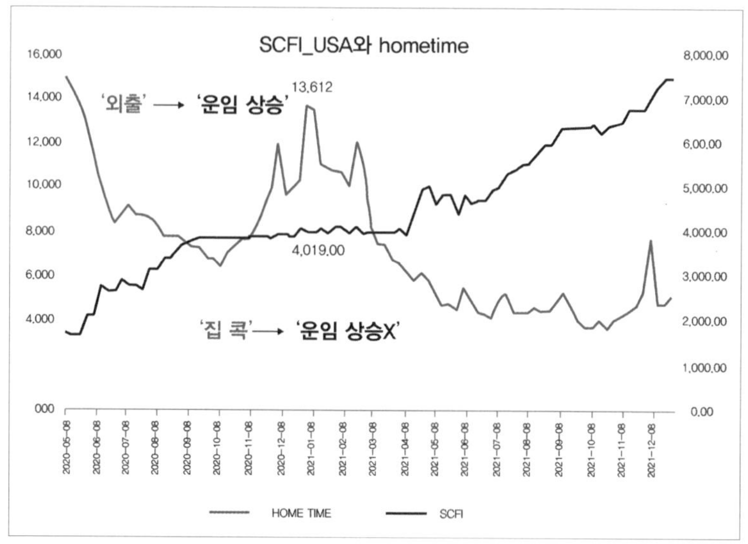

아래는 코로나 19가 해운업계에 주는 연습 문제들이다. 노무현 정부 시절 사스, 이명박 정부 시절 신종 플루, 박근혜 정부 시절 메르스, 그리고 문재인 정부 시절 코로나 19가 왔다. 아직 알려지지 않았지만 또 다시 팬데믹을 가져올 바이러스

가 더 있을 것이란 전문가들의 의견도 있지 않은가. 이 연습 문제를 잘 풀어야 다가올 또 다른 팬데믹에 우리 해운업계가 효과적으로 대응할 수 있을 것이다.

코로나 19가 해운업계에 주는 연습 문제

- 팬데믹으로 수요 둔화를 예견한 선사들이 공급을 축소시켰다면, 그 규모는 어느 정도인가?
- 임시휴항과 계선 선박을 복귀시켜 수출대란을 조기에 진압할 수는 없었던 것일까?
- 계선 및 임시휴항의 시기와 규모는 적절했는가?
- 컨테이너박스 부족, 미서안 항만 체선 등은 운임 상승에 얼마나 영향을 끼친 것일까?
- 이동 제한(lockdown)과 사회적 거리두기(social distancing)가 결과적으로 소비를 증가시키고 운임을 증가시킨 것이라면, 왜 '위드 코로나' 국면 이후에도 수요 증가와 운임 상승이 지속된 것일까?
- 수요를 견인한 것으로 알려진 디지털제품, 홈스테이제품 등 내구재 소비는 보통 일회성으로 끝난다. 그럼에도 불구하고 수요 증가가 지속되는 이유는 무엇인가?
- 양적 완화가 화물수요 증가와 운임 상승에 미친 영향은 어느 정도인가?
- 수요 증가와 공급 감소를 촉진한 기저 요인은 없는 것인가?
- 한편 코로나 19의 종식 및 테이퍼링은 화물수요의 둔화를 초래할 수 있다. 2023년부터 신규 건조된 컨테이너 선박이 대거 투입될 예정인데, 코로나 19 종식 이후 컨테이너 해운 시황은 어떻게 될 것인가?
- 선사들의 코로나 19 팬데믹 초반의 상황 인식은 어떠했는가?
- 코로나 19 초반 선사 간 공생 전략이 향후 해운불황기에 작동할 수는 없는 것인가?

17장

그들이 말하지 않는 항만배후단지의 3가지 비밀

한국지리 교과서에 중심지는 생활에 필요한 것을 구하거나 시설을 이용하기 위해 많은 사람들이 모이는 곳이라고 설명하고 있다. 또한, 배후지는 중심지에 영향을 받는 범위라고 정의하고 있다. 이 배후지 개념은 젊은 친구들이 즐겨하는 League of Legend(LOL)라는 게임에서도 등장한다. LOL에서는 배후지를 넓히는 것이 목적인데, 배후지가 가장 넓은 사람이 게임의 승자가 된다.

항만의 배후지라면 항만이라는 중심지에 영향을 받는 공간이 될 것이다. 이는 Port Hinterland와 같은 개념이다. 그런데 우리나라에서는 항만배후단지와 항만의 배후지(Port Hinterland)에 대한 개념 구분이 미약하다. 보통은 항만배후단지와 Port Hinterland를 같은 개념으로 바라본다.[32]

Port Hinterland와 우리나라의 1·2종 항만배후단지는 개념적으로 다르다. Port Hinterland를 항만배후단지와 같은 개념으로 바라보면, 이는 협소한 의미로 해석이 된다. 항만의 영향력이 미치는 범위는 항만배후단지 외에도 항만 배후도시와 산업지역 등 광범위하기 때문이다. 안타까운 것은 Port Hinterland를 항만배후단지로 좁게 해석하다 보니, 실제 Port Hinterland에서 수행하는 다양한 기능과 역할을 항만배후단지에 부여하고자 노력한다는 것이다. 외국 학자들의 연구 결과에 등장하는 Port Hinterland를 항만배후단지로 번역하면서 생기는 오류는 또 있다.

---

32 항만 배후지와 Port Hinterland가 같은 개념이기 때문에 앞으로는 Port Hinterland로 표기한다.

지자체나 항만 운영자들에게 항만배후단지가 '황금알을 낳을 것이라는 기대'를 갖게 만든다는 것이다.

2005년 국민경제자문회의 제1차 물류·경제자유구역회의에서 해양수산부는 '동북아 물류 공동번영과 우리 항만의 성장전략'을 발표하였다. 이 발표의 핵심 내용은 배후단지를 활용한 고부가가치 화물창출형 항만으로의 도약이다. 이렇게 원대한 계획을 갖고 있던 항만배후단지가 수년이 지난 지금까지도 큰 성공을 거두지 못하고 있다. 항만배후단지 정책이 왜 큰 성공을 거두지 못한 것일까? 계속해서 항만배후단지의 문제점에 대해서 자세히 살펴보도록 하자.

1 항만배후단지의 문제점

법률상의 항만배후단지에 정의는 다음과 같다.

> 항만배후단지란 항만구역 또는 항만법 제6조 제1항 제8호에 따른 항만시설 설치 예정지역에 지원시설 및 항만친수시설을 집단적으로 설치하고 이들 시설의 기능 제고를 위하여 일반업무시설·판매시설·주거시설 등 대통령령으로 정하는 시설을 설치함으로써 항만의 부가가치와 항만 관련 산업의 활성화를 도모하며, 항만을 이용하는 사람의 편익을 꾀하기 위하여 제45조에 따라 지정한 구역을 뜻한다.

항만배후단지는 1종과 2종으로 구분하는데, 1종 항만배후단지는 무역항의 항만구역 또는 제6조 제1항 제8호에 따른 항만시설 설치 예정지역에 지원시설과 항만친수시설을 집단적으로 설치·육성함으로써 항만의 부가가치와 항만 관련 산업의 활성화를 도모하기 위한 항만배후단지를 말한다. 2종 항만배후단지는 항만구역 또는 제6조 제1항 제8호에 따른 항만시설 설치 예정지역에 일반업무시설 · 판매시설 · 주거시설 등 대통령령으로 정하는 시설을 설치함으로써 항만 및 1종 항만배후단지의 기능을 제고하고 항만을 이용하는 사람의 편익을 꾀하기 위한 항만배후단지를 말한다.

항만배후단지가 당초 기대와는 다르게 항만의 신규물동량 창출을 하는 것이 아니라 항만에서 처리하는 수입 화물의 경유지로서의 역할에 머물러 있다. 또한 항만배후단지에서 창출하는 부가가치가 기대보다 미미하다는 지적이 수년째 이어지고 있다. 정부도 항만배후단지를 임대가 아닌 분양을 한다거나, 제조기업을 유치하기 위해 입주 조건을 완화하는 등 항만배후단지 활성화에 팔을 걷어붙였지만 눈에 띄는 성과는 아직 없다.

다음 표를 보면 항만배후단지의 실적이 저조한 것을 알 수 있다. 부산항의 연간 컨테이너화물 처리량이 2,000만 TEU 정도인데, 부산항 배후단지에서 처리하는 화물은 185만 TEU에 그친다. 입주 업종 또한 물류기업이 거의 대부분이어서 항만배후단지가 신규물량을 창출하는 것이 아니라 항만에서 처리하는 화물의 보관이나 내륙 유통의 경유지 역할에 그치고 있다.

33 그림에서 Port Hinterland는 배후단지+배후도시+산업단지를 모두 포함하는 개념이다.

1종 항만배후단지 입주기업 운영 현황(20년 12월 말 기준)[34]

항만배후단지	기업 수(개)			임대면적 (㎡)	화물 (TEU)	고용 (명)
	유치	입주 완료	영업 준비			
총계	198	172	26	7,266,440.5	3,310,986	6,740
부산항신항	69	66	3	2,489,977	1,852,446	2,823
북컨1단계	30	30	-	1,010,338	1,035,612	1,294
웅동1단계	39	36	3	1,479,639	816,834	1,529
광양항	52	50	2	2,037,778.5	697,088	1,273
동측	33	32	1	1,194,598	347,381	1,063
서측	19	18	1	843,180.5	349,707	210
인천항	47	30	17	1,292,682	392,033	1,654
아암1단지	16	16	-	567,328	269,930	1,159
북항	21	14	7	412,409	122,103	495
신항	8	-	8	233,519	-	-
아암2	2	-	2	79,426	-	-
평택당진항	15	15	-	934,533	315,194	788
1단계	15	15	-	934,533	315,194	788
울산항	8	5	3	359,133	33,210	159
1공구	6	4	2	164,966	20,710	82
3공구	2	1	1	194,167	12,500	77
포항항	7	6	1	152,337	21,014	43
1단계 1구역	4	3	1	61,451	-	5
1단계 2구역	3	3		90,886	21,014	38
2단계 2구역	-	-	-			

자료: 해양수산부

34 코로나 19로 선박이 임시 휴항(blank sailing)되면서 무역항 특히, 광양항과 평택·당진항 배후의 물류창고에서 장치하는 기간이 예년에 비해 길어진 측면이 있다.

항만배후단지는 시작부터 물량 창출에는 한계를 갖고 출발하였다. 항만배후단지의 물량 창출 한계를 하나씩 살펴보도록 하자.

항만배후단지가 신규화물 창출이 어렵고, 기존 화물의 경유지 역할을 한다는 문제점을 살펴보자. 항만의 신규 물량은 수출 화물과 수입 화물로 구분될 수 있다. 항만배후단지가 수출 화물을 창출하려면 항만배후단지에 제조 기업을 유치해야 한다. 해양수산부도 항만배후단지 제조 기업 유치를 위해 입주 조건을 완화하고 있지만, 국내 공장의 해외 이전 등으로 항만배후단지의 제조 기업 유치는 고전을 면치 못하고 있다. 항만배후단지에서 제조 기업을 유치해야 한다는 주장은 결국 항만배후단지를 '산업단지화(化)'해야 한다는 주장과 다를 게 없어, 항만배후단지 자체로는 물량 창출에 한계가 있다는 것을 인정하는 셈이 된다.

수입 화물 창출 문제를 살펴보자. 항만을 통해 들어오는 수입 화물은 내륙의 주인(수화주)에게 인도된다. 내륙의 수화주를 항만배후단지로 유인하더라도, 항만배후단지 경유 물량만 증가할 뿐 항만 물동량 자체에는 변화가 없다. 결국 항만배후단지를 통해 신규 수입 화물을 창출해야 한다는 것인데, 현실적으로 항만배후단지가 신규 수입 화물을 유치할 수 있는 방안은 가공 무역[35]뿐이다. 하지만 이마저도 기존 보세공장[36]에서 가공무역을 담당하고 있어 항만배후단지가 가공무역의 거점이 되는 것은 녹록지 않다. 이 역시 항만배후단지 자체로는 물량 창출의 한계가 있음을 말해준다.

2 Port Hinterland의 개념

교통지리학에서 Port Hinterland는 항만 배후지로 번역된다. '교통지리학의 이해'의 저자 충북대 한주성 명예교수에 따르면 배후지(Hinterland)는 도시나 항만의

35 가공무역(processing trade): 무역에서 발생하는 가득액을 취득할 목적으로 원자재의 전부 또는 일부를 외국으로부터 수입하여 이를 가공한 후 다시 수출하는 무역을 말한다. (출처: 세무TV)

36 보세공장은 외국물품이나 외국 물품과 내국 물품을 원재료로 하여 제조·가공, 기타 이와 비슷한 작업을 하는 특허보세구역을 말한다. 외국 원재료를 과세 보류 상태에서 사용할 수 있으므로 자금부담 완화, 가공무역 활성화에 기여한다.

배후에 펼쳐져 있고, 그 도시나 항만에 대해 교통수요를 발생시키거나 서비스를 받는 지역이라고 말한다. 또한 항만의 배후에 펼쳐진 배후지는 항만의 영향력이 강하게 미치는 지역과 부분적으로 미치는 지역 두 가지로 성립된다고 하는데, 전자는 항만에서 지리적으로 가까운 범위로 해당 항만의 완전한 세력권이라고 할 수 있으며, 후자는 인접한 항만과의 사이에서 경쟁하며 세력을 나타내는 범위를 뜻한다. 따라서 Port Hinterland는 항만배후단지와는 분명한 차이가 있는 것을 알 수 있다.

하지만 항만과 물류를 공부하는 사람들은 Port Hinterland를 항만배후단지로 번역하고 이를 배운다.[37] 그리고 항만배후단지를 통해 상당한 부가가치를 창출할 수 있다고 소개한다. 아래는 2002년 광양항 국제포럼에서 발표된 해외 항만배후단지 개발 사례이다.

"항만배후물류단지 개발이 성공적으로 이루어진 싱가포르항의 경우 항만의 부가가치창출액이 164억 달러로서 국가전체 GDP의 11%를 차지하고 있으며 로테르담의 경우는 US $ 245억 달러로서 전체 GDP의 7%를 차지하고 있다."

이 장의 부가가치 물류 편에서 자세히 설명하겠으나, 로테르담 항만배후단지에 31개 물류기업이 입주해 있다. 물론 글로벌 물류기업의 본사는 아니고, 우리나라와 같이 글로벌 물류기업의 지사가 입주해 있다. 로테르담 항만배후단지의 31개 입주기업이 창출하는 부가가치가 네덜란드 GDP의 3%를 차지한다는 것은 상식적으로 말이 되지 않는다. 아마도 원문에서는 로테르담항의 Port Hinterland가 로테르담 석유화학 산업단지와 로테르담시 전역 그리고 암스테르담 및 인근 지역을 의미하는 것이고, 광의의 로테르담항 배후에서 창출되는 부가가치가 네덜란드 GDP의 3%를 차지한다는 의미였을 것이다. 결국 1998년 광양항 국제포럼의 발표는 항만배후단지와 Port Hinterland가 같은 개념이며, 항만배후단지는 황금알을 낳고 있기 때문에 광양항 배후단지에 대한 투자를 촉구한다는 의미가 내포되어 있다.

---

37 저자도 Port Hinterland와 항만배후단지를 같은 개념으로 배웠다.

3 항만 배후지와 항만 경쟁

보통 항만 경쟁 개념을 설명할 때 Port Hinterland가 등장한다. 이때 Port Hinterland를 항만배후단지로 번역하면 도저히 말이 안 되는 상황이 일어난다. 아래 에라스무스대학의 석사학위논문에서 항만 경쟁에 대한 정의를 살펴보도록 하자.

"There is competition between operators from different ports, in the same traffic category. This type of competition takes place in ports that are located in the same range and that serve an overlapping hinterland. It is defined as Inter-Port Competition at the operator level."[38][39]

즉, 항만의 경쟁은 복수의 항만이 인접하고 배후지(Hinterland)가 중첩된다면 항만 간 경쟁이 발생한다는 뜻이다. 위 문장 속의 Port Hinterland를 항만배후단지로 번역하면 어색한 일이 벌어진다. 부산항을 통해 수입된 화물의 유치를 위해 부산항 배후단지와 울산항 배후단지가 경합을 벌여야 하는 일이 벌어져야 하기 때문이다.

다음 노테붐과 장폴로드리그 교수의 설명을 보자.

"Before containerization, boxes were shipped from the inland production center to the nearest port, and shipping lines designed routes to cover all ports within a coastal range, resulting in captive hinterlands and limited inter-port competition. Containerization has expanded the hinterland reach of ports and has intensified inter-port competition. The expanding hinterland coverage and the associated shift from captive hinterlands to shared or

38 에라스무스대학의 석사학위 논문, The Determinants of Port Competitiveness: The case of Valencia, Sara Scaramelli, 2009

39 배후지가 중첩되는 항만 간에 항만 경쟁이 발생하는데, 국내 상당수의 연구들이 경쟁 관계가 아닌 항만을 대상으로 경쟁력을 평가하거나 산업 간 경쟁강도를 측정하는 HHI를 이용해 항만 경쟁 상황을 분석하는 오류를 범하고 있다. 물론 저자도 여기에서 자유롭지 못하다.

contestable Hinterlands changed the perception of port marketes from being monopolistic or oligopolistic to competitive. Thus, port competitiveness is incresingly derived from its Hinterland access." (컨테이너화 이전에 화물(box)은 내륙의 생산시설에서 최근접 항만으로 옮겨져 선적되었다. 해운회사들은 가능하면 많은 항만을 서비스하기 위해 다양한 항로를 개척하였다. 그 결과 항만의 배후지는 한정되었고 제한된 항만 간의 경쟁만 발생하였다. 하지만 컨테이너화는 항만의 배후지를 공간적으로 점차 확장시켰고 항만 간의 경쟁을 심화시켰다. 확장된 배후지와 '제한된 배후지에서 경합하는 배후지로의 변화'는 항만 시장을 '독점(혹은 과점) 시장'에서 '경합 시장'으로 변화시켰다. 따라서 배후지로의 접근성은 항만 경쟁력의 중요한 요소로 부상하였다.)[40]

노테붐과 로드리그의 설명에서도 Port Hinterland는 항만 배후지의 의미로 쓰인 것이지, 항만배후단지로 쓰인 것이 아님을 알 수 있다. 만약 위 논문의 Port Hinterland를 항만배후단지로 번역하면, 우리나라 항만배후단지의 개발로 항만 간 경쟁이 심화되었으며, (항만배후단지에서 항만까지의 거리는 매우 가까워 접근에 큰 어려움이 없음에도 불구하고) 항만배후단지와 항만 간 접근성이 항만 경쟁력의 중요한 요소로 급부상되었다는 뜻이 된다.[41]

다음 그림은 스웨덴 고덴버그항과 배후지의 운송시스템을 보여준다. 그림에 따르면, 고덴버그항의 Hinterland는 스웨덴 전역과 노르웨이 오슬로 등을 포함하는 지역이다. 또한, 항만과 Port Hinterland까지 신속한 화물 이동을 위해 철도망이 촘촘히 연결된 것이 보인다. 따라서 Port Hinterland를 사이에 두고 항만 간 경쟁이 촉발되었다고 볼 수 있으며, 항만은 Port Hinterland에 대한 지배력을 강화시키기 위해 항만-Hinterland 간 연계 운송망 확보가 필요한 것이다.

그렇다면, 부산항의 Hinterland는 협소하게 부산항의 배후단지만을 의미하는 것이 아니라 대한민국 전역을 의미한다고 할 수 있고, 광양항 배후지 역시 전라도

---

40 Theo Notteboom, Athanasios Pallis and Jean-Paul Rodrigue (2022) Port Economics, Management and Policy, New York: Routledge

41 대부분의 항만배후단지는 앞서 제시된 부산신항 북컨 배후단지 그림과 같이 컨테이너 야적장에서 길 하나 건너면 바로 배후단지 구역이 나온다.

및 광주 지역을 의미한다고 할 수 있다.

스웨덴 고덴버그항과 그 배후지 운송시스템(2012년)

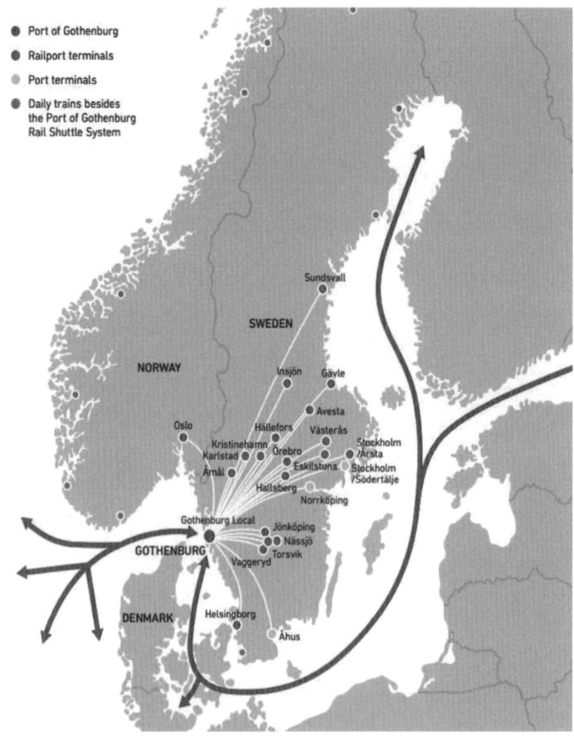

자료: https://www.researchgate.net/figure/Scandinavian-Railport-system-Port-of-Gothenburg-2012_fig13_259441730

4 Port Hinterland 육성을 위한 첫 단추

Port Hinterland를 항만배후단지라는 좁은 의미로 이해하면서 생기는 문제점들이 또 있다. Port Hinterland가 항만배후단지보다 훨씬 넓은 범위임에도 불구하고, 이론서에 제시된 Port Hinterland의 기능과 역할들을 항만배후단지에 도입하려는 노력과 구체적인 정책들이 그것이다. 아래 공급사슬상에서 배후지의 역할과 그 중요성에 대한 노테붐 교수의 설명을 보도록 하자.

“The hinterland plays an important role in shaping the supply chain of shippers and logistics service providers. The port Hinterland is a land area over which a port sells its services and interacts with its users. It is an area over which a port draws most of its business.”[42]

노테붐에 따르면, Port Hinterland는 화주와 물류업체의 공급사슬 형성에 중요한 역할을 수행하며, 관련 비즈니스를 집적화할 수 있는 공간이다. 위 문장의 Hinterland를 항만배후단지로 치환하면 항만배후단지가 다양한 비즈니스의 집적과 공급사슬의 형성에 핵심적인 역할을 한다는 의미가 된다. 그리고 이러한 번역은 외국 항만배후단지와 다르게 우리 항만배후단지는 ‘단순 경유지’와 ‘보관 창고 역할’에 머물러 있다는 논리로 연결된다.

다음, 한 지역 항만배후단지 자동차 물류 클러스터의 내용을 살펴보자.

“항만배후단지에 자동차 클러스터 구축을 위해, 전기차, 수소차, 자율주행차의 R&D 센터를 항만배후단지에 설치해야 한다. 또한, 자동차의 전시장, 경매장, 신차 매매센터, 자동차 튜닝센터를 항만배후단지에 설치해야 한다.”

항만배후단지를 한 번이라도 가본 사람은 도심과 멀리 떨어진 항만배후단지에 자동차 제조업체의 R&D 센터를 설치한다거나 자동차 전시장이나 경매장을 유치하는 것이 현실성이 없다는 주장이라는 것을 이해할 것이다. 그러나 Port Hinterland를 항만배후단지로 치환하면, 항만배후단지는 다양한 비즈니스의 집적화가 가능하기 때문에 이러한 주장들은 이론적으로 무리가 없는 주장이 된다.

---

42 노테붐과 장폴로드리그(2020)의 전게서

그들이 말하는 항만배후단지[43]

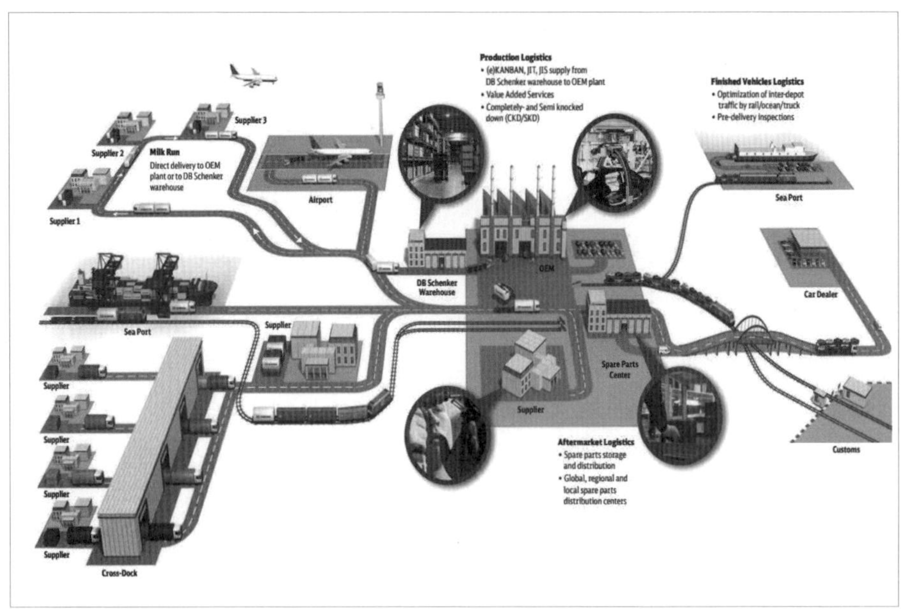

이제부터라도 항만배후단지에 대한 영문 번역을 Port Hinterland가 아닌 Port Distripark 내지 Port Logistics Park로 변경하자. 항만배후단지의 고유 기능인 항만 지원에 초점을 맞추고 화물별, 산업별 배후단지 보관 물류 서비스를 차별화하는 데 집중하자. 실무적으로는 항만배후단지 입주업체 선정 기준에 물량 유치나 부가가치 창출 지표를 제하고, 화주의 물류기업 서비스 만족도라는 지표를 신설하자.

43 항만배후단지에 자동차 클러스터가 구축된 사례라며 이러한 그림을 소개하곤 한다. 그림을 자세히 보면, 항만과 배후단지뿐만 아니라 공항과 생산시설까지 보인다. 전 세계 어디에도 항만배후단지에 공항과 생산 시설을 갖춘 곳은 없다. 따라서 이 그림은 항만의 배후지를 표현한 그림이라고 해야 정확할 것이다.

5 부가가치 물류

항만배후단지의 부가가치 물류는 언제나 뜨거운 감자이다. 2000년대 초반 항만배후단지가 개발되면서 부산항에서 처리하는 환적화물을 항만에서 두 번 하역하는 데 그치지 않고 무언가 새로운 가치를 창출하자는 데에서 연구와 정책이 집중되었다고 할 수 있다. 먼저 부가가치 물류의 개념에 대해 살펴보도록 하자. 국토연구원에서는 부가가치 물류에 대해 아래와 같이 설명하고 있다.

부가가치 물류의 정의

부가가치 물류는 일반적인 물류활동을 소비자 대응물류로 전환한 형태다. 기존의 물류활동은 운송, 보관, 하역, 포장과 이들 간의 정보전달을 통해 기업의 제품생산비용, 운송비용, 보관비용을 감소시키는 역할을 해왔다. 그러나 이것은 제품의 생산과 관련된 활동으로 소비자들의 구매욕구를 충족하지는 못했다. 부가가치 물류는 소비자들의 다양한 욕구에 신속하게 대응하는 것으로, 기존 물류프로세스의 선 - 후 과정을 바꿔 최종 제품의 완료시점과 소비자의 구매시점을 단축시킨 것이다. 부가가치 물류는 범위에 따라 다양하게 정의되고 있는데 광의의 개념으로는 - 첫째, 조달, 생산, 판매 등의 물류과정, 특히 생산 - 판매과정에서 이익추구를 위해 나타난 변형된 물류형태 - 둘째, 공장에서 개별적으로 이루어지던 포장, 라벨링, 조립 등의 과정을 물류거점에서 수행하는 과정에서 새로운 부가가치가 창출되는 것 - 셋째, 공장에서의 생산라인이 물류거점까지 확장되는 것 - 넷째, 최종소비자의 욕구에 맞추어 물류거점에서 제품을 개조하는 것으로 조립, 시스템 병합, 저장, 품질검사 및 지역시장으로의 속달 유통용 재포장을 통해 최종단계에서 상품에 가치를 더하는 것 등을 들 수 있다. 그리고 협의의 개념으로는 물류거점에서의 포장, 라벨링, 조립 등의 과정을 통해 새로운 가치가 추가되는 것으로 정의할 수 있다. 이러한 개념을 종합하여 새로운 정의를 도출해보면 '부가가치 물류란 제품이 생산공장에서 소비자에게 전달되는 과정에서 포장, 라벨링, 조립 등을 통해 최종소비자의 기호에 맞게 제품을 개조하여 상품에 가치를 더하는 것이다. 물류와 산업서비스 그리고 제품제조 과정이 결합된 새로운 유형이며 물류비용을 절감할 수 있고, 소비자들에게는 보다 개선된 서비스의 제공을 가능하게 하는 것'이다.

자료: https://library.krihs.re.kr/

위에서 살펴본 것처럼, 부가가치 물류는 협의로는 물류거점에서 이루어지는 포장, 라벨링, 조립 등의 과정을 뜻하고 광의로는 공장에서의 생산 라인이 물류거점까지 확장되는 것이나 물류거점에서 조립, 시스템 병합, 품질검사 등을 통해 제품을 개조하는 것을 뜻한다고 할 수 있다. 즉, 광의의 부가가치 물류의 의미는 제품의 개조나 생산 과정의 일부를 물류 과정 중에 수행하는 것이라 할 수 있다. 이상적인 항만배후단지 부가가치 활동도 역시 생산 과정의 일부 내지 전부가 항만배후단지에서 이루어지는 것이라고 할 수 있다. 하지만, 국내 항만배후단지의 기능은 단순 보관에 치우쳐 있다고 많은 언론과 연구자들이 주장한다. 아래 경남일보의 보도를 보자.

단순 보관 업무에 치우쳐 있다는 항만배후단지

"부산항신항 등 항만배후단지 고부가가치화 법·제도 개선을"

경남·부산·전남, 정부에 공동건의

기사입력 : 2020-10-11 21:33:57

좋아요 0개 트윗

경남도와 부산시, 전남도는 부산항신항과 광양항 항만배후단지의 고부가가치화를 위한 법·제도 개선을 촉구하는 공동건의문을 지난 8일 정부와 국회에 전달했다고 11일 밝혔다.

부산항신항과 광양항은 항만물동량에 비해 단순 하역·보관기능에 치우쳐 있어 다양한 부가가치 활동이 이뤄지지 못해 환경개선이 필요하다는 지적이 제기돼 왔다.

공동건의문에는 이 같은 문제 해결을 위해 항만배후단지 입주제한 업종인 '농림축산물 제조·가공업'의 입주 허용, 입주업종의 탄력적 복합 운영 등을 담았다.

자료: 경남일보

항만배후단지에 부가가치 물류 활동을 도입하고자 하는 이유가 또 있다. 바로 글로벌 생산 네트워크의 확산 때문이다. 과거 생산 네트워크가 개발도상국 한 곳에서만 이루어져 오다가 2000년대 중·후반부터 생산 네트워크가 국제적으로 분업화되기 시작하였다. 많은 연구자들의 주장에 의하면 선진 항만배후단지에 제조 기업들이 입주해 많은 부가가치를 창출하고 있다고 한다. 항만배후단지의 고부가가치 물류 활동의 선진 사례라며 자주 드는 예가 있는데, 바로 싱가포르와 로테르담 항만의 배후단지이다.

싱가포르와 로테르담 배후단지의 물류 활동을 살펴보자. 싱가포르는 PSA(Port of Singapore Authority)와 주롱 항만(Jurong Port)이 있다. PSA는 민간기업 형태로 운영되는 글로벌 터미널 운영기업으로 우리나라의 인천항과 부산항에도 컨테이너 터미널을 운영하고 있다. 아래 그림은 인터넷에서 찾은 탄종 파가르의 디스트리파크(Distripark) 모습이다. 우리나라 물류 창고와 크게 달라 보이지 않는다. 특별히 '고부가가치 물류'가 이루어진다기보다는 '단순 보관 업무'를 위한 시설에 더 가까워 보인다.

탄종 파가르 디스트리파크의 모습

자료: https://ko.foursquare.com/

싱가포르 주롱 지역에 위치한 대규모 어시장이 코로나 19로 폐쇄될 것을 대비해 파사르 판장에 비어있는 창고를 임시 어시장으로 활용한다는 뉴스가 있다. 화면 속 파사르 판장의 창고 모습도 '단순 보관 창고'의 모습과 크게 다르지 않아 보인다.

파사르 판장의 창고 모습

자료: 싱가포르 방송사 CNA의 유튜브

해양수산부의 용역보고서, '항만배후단지 입주기업 실태조사 및 경쟁력 제고 방안 연구'에서 싱가포르 배후단지 부가가치 물류 활동을 제시하고 있다. 이 보고서에 따르면, 싱가포르에는 케펠 물류단지, 알렉산드라 물류단지, 파사르 판장 물류단지, 탄중 파카 물류단지가 있으며, 소각, 보관, 판매, 전시, 재포장, 조립, 분리, 분류, 반출, 컨테이너 재적입 등과 같은 부가가치 물류활동을 하고 있다고 한다. 또한 케펠 물류단지 입주기업인 글로브링크(Globelink)가 MCC(Multi Country Consolidation) 부가가치 모델을 수행 중인데, MCC 모델은 다양한 국가에서 환적되는 소형화물을 LCL[44]로 재포장해 목적 국가로 수출하는 것이라고 한다. 하지만 이 정도의 활동들은 우리 항만배후단지 입주 기업도 제공하는 활동들이다. 이를 두고 특별히 '고부가가치 활동'이라는 말할 수 없어 보인다.

---

44 이 보고서에는 LCL을 집화해 FCL로 운송한다고 나오지만, 소형화물을 집화해 LCL로 운송한다는 표현이 맞는 표현이다. 흔히들 FCL은 만재화물 혹은 대형화물이라고 하고, LCL은 소형화물, 소량화물이라는 표현을 쓴다. 하지만 두 유형의 화물 모두 결과적으로는 FCL이다. 그 안에 화주가 1명(혹은 1개 기업)이냐 아니면 여러 명 혹은 여러 개의 기업이냐에 따라서 FCL과 LCL이 구분된다.

우리 항만배후단지의 부가가치 물류 활동

우리나라에서도 부가가치 물류를 하는 항만배후단지 입주 기업이 있다. 바로 부산신항 배후단지에 입주한 BIDC이다. 이 업체는 암웨이의 동아시아 허브로서 기능을 하고 있다. BIDC는 암웨이 제품을 일본, 중국, 동남아로 보내기 위한 아시아 거점 역할을 하고 있다. BIDC는 자유무역지역으로 지정된 부산신항 배후단지의 이점을 살려, 미 통관 상태의 수입화물에 실링(sealing)[45], 라벨링, 선물 포장, 조립 등의 서비스를 덧입힌다. 싱가포르의 항만배후단지의 부가가치 활동에 비해 전혀 손색이 없다.

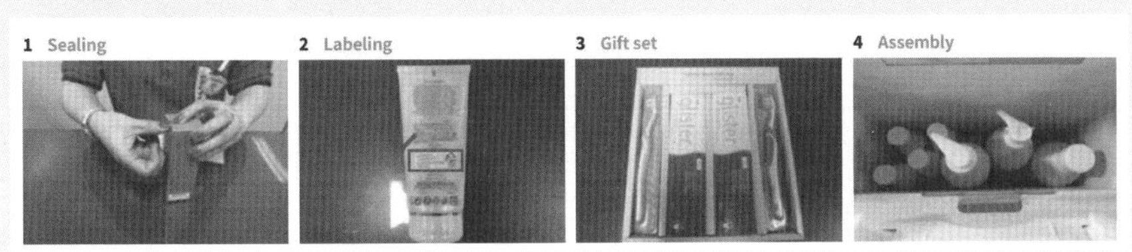

자료: http://www.bidc.co.kr/

그럼 네덜란드 로테르담 항만배후단지의 사례를 살펴보자. 로테르담 항만배후단지에는 마스블락트 1, 2(Distripark Maasvlakte 1&2), 보틀렉(Distripark Botlek), 발하벤(Distripark Eemhaven) 이렇게 총 3개의 항만배후단지가 있다. 앞의 해양수산부 용역보고서 '항만배후단지 입주기업 실태조사 및 경쟁력 제고방안 연구'에 따르면, 마스블락트 1의 주요 입주 물류기업은 일본통운, Prologis, 판토스 등 11개 기업이고, 다른 배후단지에도 대부분 물류기업이 입주해 있다. 2015년 해양수산부에서 발간한 용역보고서 '항만배후단지 고부가가치화 발전 전략'에서 로테르담 항만배후단지의 사례가 나오는데 이를 자세히 보도록 하자 .

"로테르담항만공사는 배후단지에 입주한 기업들이 어떤 부가 물류 활동을 수행하는지에 대한 선호나 관점은 없다. 기본적으로 항만배후단지는 항만에서 연계한 하역, 보관, 등에서 물류활동이 발생하며 이외에 집하, 배후수송활동이 일어나는 것을 기본적인 물류활동으로 여기고 있다. 그 이외에 조립, 라벨링 등의 활동은 입주한 기업의 비즈니스 활동에 의해 일어날 수 있는 것으로 간주하고 있다.…(중

45 실링이라고 해서 특별한 건 아니고 소포장 상자에 접착제를 붙이는 활동이다.

략)… 항만배후단지에서 발생하는 활동은 대부분 콘솔리데이션 작업이 기본이 된다. 그리고 그에 부가하여 조립이나 라벨링 활동이 일어날 수 있으며 그것이 어떤 형태가 되어야 하는 것은 항만공사의 업무영역이 아님을 확신하고 있다."

로테르담 항만배후단지는 부가가치 창출을 위해 별다른 노력을 하고 있지 않으며, 조립이나 라벨링 정도를 부가가치 물류로 이해하는 것으로 우리나라의 실정과 크게 다르지 않은 것을 알 수 있다. 그럼에도 불구하고 2016년 기준 로테르담 항만배후단지의 전체 부가가치액은 약 230억 유로(네덜란드 전체 GDP의 3.3%)라고 한다.[46] 이러한 연구 결과와 주장들이 국내 많은 항만배후단지 개발에 논거를 제공했을 것이라 짐작된다. 또한 외국의 '고부가가치 항만배후단지'에 대한 환상을 갖게 만들고, 나아가 '고부가가치 창출'이 우리 항만배후단지 운영의 궁극의 목표로 자리매김했을 것이다.

아이러니한 것은 '네덜란드 GDP의 3.3%'를 담당하는 로테르담 항만배후단지 입주 기업의 활동[47]이 어떤 것인지 속 시원하게 설명하지 못하고 있다는 것이다. 어쩌면 항만배후단지의 부가가치 활동은 우리의 환상 속에 존재하는 것이 아닐까 생각해본다.

그들이 말하지 않는 항만배후단지의 3가지 비밀

1. 기존 산업단지와 보세공장도 잘 안 되고 있지만, 항만배후단지에서 이 시설의 활동을 제공하게 되면 신규 물량을 대규모로 창출할 수 있다.
2. 교통지리학에서 말하는 Port Hinterland와 항만배후단지는 같은 개념으로, 항만배후단지에서도 Port Hinterland에서 제공하는 공급사슬의 형성, 항만 관련 비즈니스의 집적 등 다양한 기능이 도입될 수 있다.
3. 싱가포르나 로테르담 등 외국의 항만배후단지는 우리와는 다른, '특별한 부가가치 물류 서비스'를 제공한다.

46 항만배후단지 입주기업 실태조사 및 경쟁력 제고방안 연구, 참고로 2019년 우리나라 전체 농림업 부가가치의 GDP 비중이 1.6%이다.

47 2002년 광양항 국제포럼 발표에서는 로테르담항 배후단지의 부가가치 활동이 네덜란드 GDP의 7%를 차지하였는데 20년 후 3.3%로 하락했다는 것은 이해하기 어렵다.

18장

공항 개발의 정치학: 트라이포트(Tri-Port)는 없다

1 김해공항 항공기 추락과 동남권 신공항 추진

2002년 4월 15일 Air China 여객기가 김해국제공항(이하 김해공항)에서 4.6km 떨어진 김해시 지내동 한 아파트 뒤편의 돗대산(해발 380m) 기슭에 추락하였다. 이륙 중량 115톤의 여객기가 시속 255km의 속도로 산에 정면으로 충돌한 것이다. 여객기는 세 동강으로 분해되었고, 150m를 끌려가다가 주익의 연료 탱크로부터 항공유가 분출되며 화재가 발생하였다.

부산 지역에서는 '김해공항의 안전 문제를 해결하라'는 여론이 들끓기 시작하였고, 김해공항 추락 8개월 후인 2002년 12월, 당시 건설교통부(현 국토교통부)는 신공항이 필요하다는 연구용역 결과를 발표하였다. 2006년에는 노무현 대통령이 직접 동남권 신공항 검토를 지시하기도 했다.

이후 부산시는 2003년부터 2020년까지 꾸준히 공항 이전을 추진하였다. 관련 연구용역을 발주한 횟수만 10차례에 달한다. 여기에 대구도 인근 경남 밀양시를 '신공항 후보지'로 내세우며 신공항 유치에 나서기 시작하였다. 이에 부산과 대구가 '동남권 신공항' 유치를 위해 격돌하게 된다. 하지만 이명박 정부는 2011년 3월, 경제성이 미흡하다는 이유로 동남권 신공항 건설을 전면 백지화하였다. 당시 가덕도 신공항의 B/C[48]는 0.7이었다.

2013년 2월 취임한 박근혜 전 대통령은 후보 시절부터 부산 시민들에게 동남권 신공항 개발을 약속하였다. 하지만 2016년 6월 동남권 신공항은 다시 무효로 돌아가고, 김해공항을 확장하는 방향으로 결정된다. 당시 검토 결과에서 가덕도는 밀양에도 뒤진 꼴찌를 기록했다.

동남권 신공항이 김해공항 확장으로 결정된 것에는 정치적 해석이 있다. 김해공항 확장은 박근혜 전 대통령의 정치적 고향인 '대구'의 여론과 후보 시절 '부산' 시민들에게 약속한 신공항 개발 공약 간의 절충이라는 것이 그것이다.

표면적으로도 안전성과 경제적인 이유에서 밀양과 가덕 모두 불합격이었다. 밀양에 신공항을 세우려면 고도 제한 기준을 맞추기 위해 주변의 산을 상당 부분 절토해야 하는데, 절토해야 하는 산의 양이 상당하다고 본 것이다. 가덕도에 공항을 지으려면 가덕도에 개발된 부산신항 인근을 매립해야 하는데 이 비용 또한 천문학적이라는 것이 이유였다.[49]

2 부산시장 보궐선거와 신공항

2017년 대선에서 당시 문재인 후보는 '24시간 운영되는 동남권 관문 공항'을 공약으로 발표한다. 사실상 가덕도 신공항을 염두에 둔 공약이었다. 하지만 문재인 대통령 집권 뒤에도 국토부는 김해공항 확장안을 계속 추진한다. 정권이 바뀌었다고 '정식 절차를 거친 국책사업'을 근거 없이 뒤집으면 '정책의 일관성'과 '예측가능성'이 훼손된다는 이유 때문이었다. 청와대도 별다른 개입을 하지 않았다.

2018년 6월 지방선거에서 부울경 단체장에 모두 민주당 후보가 당선된다. '부산 오거돈 시장', '울산 송철호 시장', '경남 김경수 지사'는 당선 직후 공항 문제를 다룰 '부울경 동남권 관문 공항 검증단'을 구성한다. 검증단은 1년간의 활동 끝에, 2019년 5월 김해공항 확장안이 부적절하다는 보고서를 낸다. 보고서는 정권

48 B/C는 '비용 대비 편익'의 약어로 B/C가 1이 넘으면 비용보다 편익이 높아 경제성이 있다고 본다.

49 홍순만(2015), HUB 거리의 종말(문이당)

내에서 간단치 않은 파열음을 냈다. 무엇보다 주무 부처인 국토부는 태도 변화가 없었다.

이 무렵 김경수 지사는 김현미 국토부 장관을 만나 '동남권 신공항 총리실 산하 검증위'를 요청하고, 2019년 6월 20일 총리실 검증위가 설치되었다. 그리고 3명의 지자체장은 어떠한 결과가 나오더라도 검증위의 결과에 승복하기로 합의한다.

11월 17일 총리실 검증위는 김해공항 확장안에 대해 '근본적 검토가 필요하다'며 김해공항 확장을 사실상 백지화했다. 이에 내년 4월에 있을 '부산시장 보궐선거'를 염두에 두어, '7조 원 규모 국책사업'이 정치 논리로 뒤집혔다는 지적이 쏟아졌다. 심지어 국회는 가덕 신공항 특별법을 통과시키며, 가덕 신공항 건설의 예비타당성을 면제받을 수 있게 만든다.

2021년 4월 부산시장 보궐선거에서 여당 후보인 '김영춘 전 해양수산부 장관'은 '가덕 신공항의 첫 삽을 뜨는 시장'이 되겠다고 약속을 한다. 또한 본인의 호를 '가덕'으로 짓겠다는 약속을 한다. 야당 후보인 박형준 후보도 '가덕 신공항을 제대로 만들어 내겠다'는 약속을 한다.

3 트라이포트는 없다

가덕 신공항이 특별법 제정을 통해 급물살을 타고 있는 와중에, 부산시 및 경제계·학계 등은 공항과 항만, 철도를 연결해 이른바 '트라이포트'를 구축해야 한다고 주장하고 있다. 트라이포트는 공항, 항만, 철도를 연결하는 복합물류시스템을 의미한다. 이 중에서도 공항과 항만의 연결 이른바 씨앤에어(Sea & Air) 화물에 부산의 물류계는 많은 기대를 걸고 있다.

부산 물류계는 '전 세계 허브항만에 인접한 공항이 있다', '부산에 신공항이 들어서면 항만에 더 많은 화물이 들어온다', '선진 항만처럼 부산항도 공항과 연계한 복합물류를 통해 고부가가치를 창출해야 한다'는 주장을 펼친다. 저자는 가덕도에 신공항이 건설되는 것을 환영하며, 가덕 신공항이 인천공항의 부울경 여객 수요를 일부 흡수할 수 있을 것으로 본다. 하지만, 저자는 '씨앤에어 운송 측면의 가덕 신공항 활용'에 대해 부산 물류계의 주장을 동의하기 어렵다. 이어서 '씨앤에어 운송 측면의 가덕 신공항 활용'이 어려운 이유를 알아보자.

1) 일단 씨앤에어 화물은 부침이 심하다

씨앤에어 화물 측면에서 가덕 신공항 건설을 동의하기 힘든 첫 번째 이유는 일반적으로 씨앤에어 화물수요는 불규칙하기 때문이다. 씨앤에어 화물은 다음과 같은 상황에서 예기치 않게 발생하는 화물이다. 항공운송 대비 운송비용을 줄이고자 할 때, 해상운송 대비 시간을 줄이고자 할 때, 선박의 공간이 부족하거나 스케줄이 없을 때 씨앤에어 운송 경로를 이용해 화물이 이동된다. 그 결과, 전국 씨앤에어 화물 총량은 2008년 61,980 톤에서 2012년 29,990 톤으로 하락했다가 2019년에 48,273 톤을 기록했다. 이렇게 부침이 심한 씨앤에어 화물이 항만과 공항의 시너지를 창출할 수 있을지, 부산·울산·경남의 성장동력이 될 수 있을지 의문이다.

2015~2019 Sea & Air 물량 추이(부산항, 인천항, 평택항-인천공항)

단위: 톤

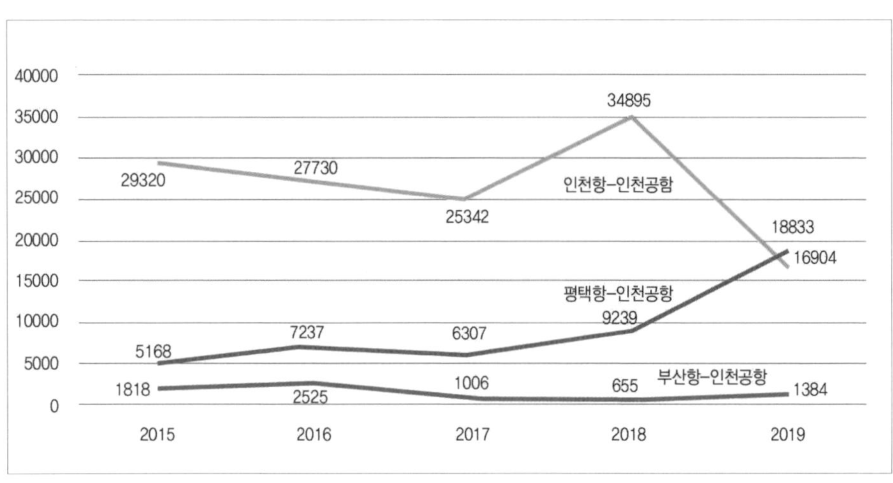

자료: 부산연구원 통계를 바탕으로 저자 작성

2) 공·항만이 가깝다고 해서 시너지를 내는 것은 아니며, 모든 공·항만이 시너지를 내는 것도 아니다

공항과 항만이 인접했다고 해서 씨앤에어 화물이 창출될 것인가라는 문제도 있을 수 있다. 지역 언론은 '컨테이너 처리량 세계 16위의 LA항'과 '항공화물 처리량 세계 13위의 LA공항' 그리고 '세계 1위의 상하이항'과 '세계 3위의 푸동공항'의 사례를 들면서 부산항이 공항도 없이 세계 6위권의 컨테이너 화물을 처리한 것은 기적이라 주장한다. 하지만, 인천의 사례는 공·항만의 인접이 씨앤에어 화물을 결정하는 요소가 아니라는 것을 말해준다. 인천에는 12년 연속 공항서비스 세계 1위를 기록한 인천공항과 컨테이너 처리량 세계 50위권의 인천항이 있다. 공·항만 인프라와 서비스로 보면 손색이 없다. 우수한 인프라를 가진 인천, 하지만 씨앤에어 화물 처리량은 인천 물류의 아픈 손가락이다. 인천의 씨앤에어 화물은 2008년 5,900만 톤에서 2011년 2,700만 톤으로 하락했다. 급기야 2019년에는 평택항에 씨앤에어 처리량 전국 1위 자리를 내주고 말았다.

싱가포르에도 싱가포르항만과 창이공항이 비교적 가까이 있다. PSA(Port of Singapore Authority) 터미널과 창이공항 간 거리는 20km 정도이다. 그런데 PSA는 도심 지역에 있다 보니 항만의 확장성이 부족해, 최근 조호르 해협 인근 Tuas 지역에 Tuas Mega Port 건설을 개발하고 있다. Tuas Port와 창이공항과의 거리는 60km이다. 공·항만의 인접이 시너지를 낸다면 왜 PSA는 공항에서 더 먼 지역에 신항만을 개발하려고 하는 것일까? 이 외에도 화물 처리량 1위의 홍콩항과 수년째 컨테이너 처리량이 하락하고 있는 홍콩공항의 사례[50]는 '인접한 공·항만은 시너지 효과를 창출할 수 있다'는 주장에 대한 반증이다.

---

50 홍콩공항은 수년째 화물처리량 세계 1위를 기록하고 있지만, 항만의 컨테이너 화물 처리량은 2010년 2,369만 TEU에서 2015년 2,007만 TEU로 하락, 2020년에는 1,796만 TEU로 하락했다.

3) 부산의 씨앤에어 화물 수요는 충분하지 못하다

씨앤에어 화물의 상당수는 전자상거래 화물인데, 부산에서 이 전자상거래 화물을 충분히 확보할 수 있는가에 대한 문제도 지적할 수 있다. 평택항-인천공항 씨앤에어 사례를 살펴보자.

2019년 기준 평택항은 씨앤에어 화물처리 18,833 톤을 기록했다. 평택항 씨앤에어 화물은 전량 중국에서 출발해 인천공항을 거쳐 제3국으로 향하는 전자상거래 화물이다. 대련이나 천진 등 북중국에서 트럭으로 푸동공항을 가는 것보다 카페리를 이용해 평택항으로 옮겨진 후 다시 인천공항을 통해 제3국으로 나가는 것이 비용이나 시간 면에서 우위를 보이기 때문이다. 북경공항이 인천공항에 비해 항공 스케줄이 부족한 것도 중국 발 전자상거래 화물이 '평택항-인천공항' 씨앤에어 운송 경로를 이용하는 이유이다.

중국이라는 풍부한 배후지를 보유한 평택항과 인천항도 씨앤에어 화물 처리량이 5,000~35,000 톤 정도를 기록하고 있을 뿐이다. 현실적으로 부산에서 유치할 수 있는 전자상거래 화물은 기존의 '부산항-인천공항 씨앤에어 화물'이며, 이 물량은 연간 600~3,000 톤에 그친다.

두바이의 성공 사례를 근거로 부산의 트라이포트 성공을 내다보는 낙관론도 존재한다. 두바이는 제벨알리항만, 두바이공항, 그리고 철도와의 연결을 통해 중동 지역의 물류허브로 부상했다고 주장을 한다. 한마디로 요약하면 '인프라 주도 성장론'이다. 두바이의 씨앤에어 운송 사례를 살펴보도록 하자. 이 운송경로를 이용하는 화물은 중국에서 출발한 해상화물이 제벨알리에 도착해 다시 두바이 공항을 통해 유럽으로 수출되는 환적물량이다. 즉, 두바이 씨앤에어 성공에는 중국이라는 광활한 배후지가 큰 역할을 하고 있다. 그러나, 부산 씨앤에어의 배후지는 일본뿐이고 여기서 창출되는 화물도 유치가 낙관적이지만은 않은 것이 사실이다.

4) 부가가치 물류는 환상일 뿐이며, '부가가치'가 창출된다고 보기도 힘들다

트라이포트 담론에 부가가치 물류에 대한 환상도 지적할 수 있다. 일단 공항과 항만의 배후에 대규모 물류단지를 건설해놓고, 부가가치 물류를 제공하면 많은 글로벌 기업들이 입주할 것이라는 주장이다.

먼저 부가가치 물류 활동에 대해 정말로 공·항만 배후단지에서 제공하는 활동이 '부가가치'를 창출하는지 검토해보자. 해상 환적화물은 하역사가 두 번 하역요금을 받는 것, 항만의 화물처리량을 더블 카운팅(double counting)하게 되다는 것 외에 지역경제에 큰 도움이 되지 않았다. 그래서 제시된 방안이 항만에서 처리하는 환적화물을 보세 상태로 항만배후단지[51]에 가져와 부가가치를 더하자는 것이었다. 그렇게 되면, 많은 더 많은 화물을 유치할 수 있고, 고용과 부가가치를 창출할 수 있다는 것이 핵심이다.

하지만 현행 항만배후단지의 부가가치 활동은 '부가가치'라고 하기에는 미미한 수준이다. 대부분의 활동들이 화물을 개봉해 바코드(barcode)를 붙인다거나 출하지에 맞게 라벨링(labeling)을 하는 정도이다. 이러한 서비스를 제공받기 위해 공항이나 항만에서 일부러 환적을 할 정도로 매력적인 활동은 아닐 것이다. 한 예를 들어보자. 저자가 자주 가는 진주의 한 마트의 정육 코너에서 스티로폼 팩에 삼겹살을 담고 랩을 씌워 판매를 한다. 직원에게 고기를 썰어달라고 하면 랩을 벗기고 고기를 썬 다음, 이를 다시 랩으로 포장해 준다. 고기를 썰어줬다고 해서 가격을 더 받지 않는다. 마트 정육 코너에서 무상으로 제공해주는 이 '칼질'과 '재포장'이 현재 항만배후단지에서 수행하고 있다는 '부가가치 활동'과 별반 차이가 없다.

이론적으로 보더라도 글로벌 가치사슬(Global Value Chain)상에서 고부가가치 활동은 기획, R&D, 디자인, 마케팅, 사후 서비스이다. 이에 반해 부품 조달, 조립, 가공, 물류 등의 활동은 낮은 부가가치 활동에 속한다. 애플(Apple)이 아이폰을 기획, 디자인, 사후 서비스(애플뮤직, 애플TV, 에어팟 생산)에 집중하고 나머지 조립은 수탁 가공 업체에 위탁하는 사례를 보더라도 기획, R&D, 마케팅, 그리고 사후 서비스 등이 고부가가치의 원천이지, 조립 가공은 부가가치 창출이 낮은 것을 알 수 있다.

---

51 부산항, 인천항, 광양항, 평택항에 국제물류형 자유무역지역이 조성되어 있어 미 통관 상태의 화물에 조립·가공 과정을 거치는 것을 흔히 '환적화물 부가가치 비즈니스 모델'이라 부른다.

 스마일 커브

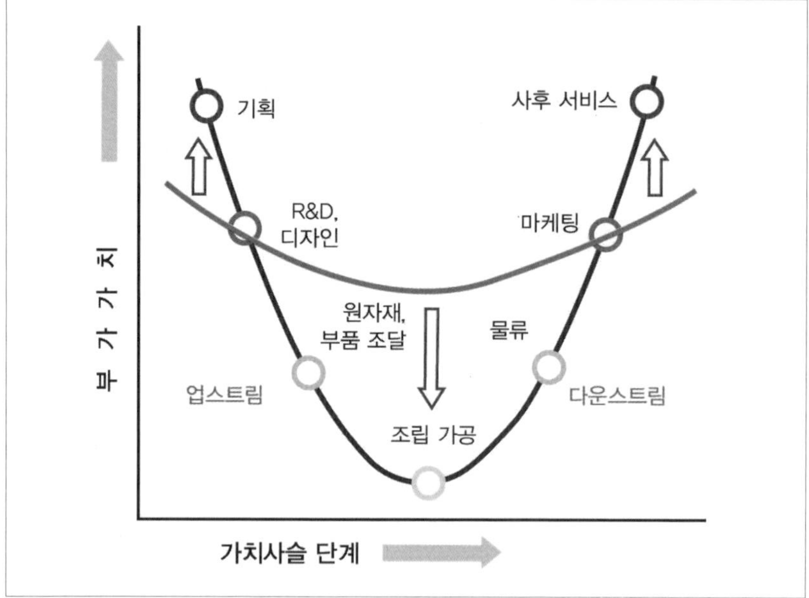

자료: 글로벌 가치사슬의 현황 및 시사점, 한국은행 국제경제리뷰 제2018-11호

다음, 공·항만 배후단지를 자유무역지역으로 지정해 놓으면 다국적기업들이 들어올 수 있다는 주장에 대해 살펴보자. 스타벅스 커피의 원두가 케냐에서 생산되지만 미국에서 로스팅하기 때문에 미국산 제품으로 수출되는데, 이러한 사업 방식을 우리 공·항만 배후단지에 도입해야 한다는 주장이 있다. 여기에는 케냐에서 수입한 원두를 보세 상태로 자유무역지역으로 지정된 로스팅 플랜트까지 가져와 가공 후 재수출한다는 내용이 내포되어 있다.

스타벅스 생산 거점(로스팅, 제조, 창고, 유통 등의 기능을 수행)[52]을 확인해 보니, 다

52 Starbucks Annual Report 2020, https://studycorgi.com/, https://www.fronetics.com/. 이러한 스타벅스의 중앙집중화된 유통공급체계로 인해 유통 기간이 길어져도 약배전, 중배전에 비해 상하지 않는 강배전 방식의 로스팅을 하기 때문에 스타벅스 커피는 유독 쓴 것으로 알려져 있다.(http://food.chosun.com/) 강배전 방식은 원두를 오래, 바싹 볶아서 수분을 제거하는 것으로 유통 기간이 길어도 잘 상하지 않는다. 스타벅스가 이러한 중앙집중화된 유통 방식을 사용하는 이유는 스타벅스가 커피의 품질을 보다 면밀히 통제하기 위함이라고 알려져 있다.(https://studycorgi.com/s)

섯 곳 모두 미국에 존재하지만, 이 중 세 곳은 내륙에 위치한다. 내륙의 로스팅 플랜트가 자유무역지역 혹은 보세구역으로 지정되어 있는지는 확인되지 않는다. 시애틀 항만 인접한 곳에 로스팅 플랜트가 두 곳 있기는 하지만 이 역시 항만형 자유무역지역에 속한다거나 보세 구역이라는 근거는 찾기 힘들다. 따라서 공항과 공항배후의 물류단지를 건설해놓으면, 스타벅스와 같은 다국적기업들이 입주할 수 있다는 주장은 지나치게 낙관적인 주장이라고 할 수 있다.

4 나아가며

부울경 메가시티의 핵심은 21세기 지식기반 경제에서 지식을 보유한 고급인재가 도시에 집중되고, 도시의 임계 질량이 초과하면 그 도시는 플랫폼처럼 네트워크 효과를 낸다는 것이다. 인구감소와 지방소멸 위기 속에서 동남권이 생존하기 위해서는 미래 인재가 몰리는 신(新)산업 및 혁신산업이 창출되어야 한다. 동남권의 전통 산업으로 기계, 제조, 조선산업이 있지만 MZ 세대에게는 중후장대(重厚長大)한 산업으로 비쳐질 뿐 매력적이지 않다.

MZ 세대가 지역에 남기 위해 어떤 산업이 필요할까? 바이오, 반도체, 스마트기기와 같은 산업이라면 MZ 세대가 서울로 진학과 취업을 마다하고 지역에 정착하고 싶을 것이다. 그렇다면, 부울경의 미래를 위해서, 그리고 부울경 메가시티가 속도를 내기 위해서 가덕 신공항은 씨앤에어 화물이 아니라 순수 항공화물(반도체, 컴퓨터, 의약품, 무선통신기기 등) 유치에 노력을 기울여야 한다. 따라서 부울경 지역은 가덕 신공항 배후지에 반도체 생산, 바이오산업 등 최첨단 산업과 관련 기업 유치에 총력을 기울여야 할 것이다. 그리고 고급 인재와 외국인 투자 유치를 위해 지역 명문고등학교의 이전과 국제학교의 설립도 동시에 추진해야 할 것이다.

부산항-신공항 간 씨앤에어가 생각보다 어려운 이유들

1) 일단 씨앤에어 화물은 부침이 심하다.
2) 공·항만이 가깝다고 해서 시너지를 내는 것은 아니며, 모든 공·항만이 시너지를 내는 것도 아니다.
3) 부산의 씨앤에어 화물 수요는 충분하지 못하다.
4) 부가가치 물류는 환상일 뿐이며 부가가치 물류를 통해 '부가가치'가 창출된다고 보기도 힘들다.

미국 내 스타벅스 생산 거점 현황[53]

주소	면적	기능	내륙·항만 인접 여부	사진	사진 출처
1605 Bartlett Dr, Manchester, 펜실베이아주 17345	1,957,000	로스팅, 창고, 유통	내륙		https://www.google.com
2525 Starbucks Way, Minden, 네바다주 89423	1,080,000	로스팅, 창고, 유통	내륙		https://www.google.com

53 이 외에도 스타벅스는 South Carolina, Georgia, York에 로스팅 플랜트를 두고 있는 것으로 확인된다.

1050 International Dr, Lebanon, 테네시주 37090	680,000	창고, 유통	내륙		https://www.costar.com
18411 77th Pl S, Kent, 워싱턴주 98032	510,000	로스팅. 유통	항만 인접		https://www.pinterest.co.kr/
2202 Perimeter Rd suite 101, Auburn, 워싱턴주 98001	491,000	창고, 유통	항만 인접		https://www.google.com

자료: Starbucks Fiscal 2020 Annual Report를 근거로 저자가 구글 지도를 이용해 주소를 찾음

19장

아직 우리에게만 바다가 땅입니다[54]

1 우리에게만 바다가 땅입니다

'우리'는 지칭 범위에 따라 두 가지로 나뉜다. 이는 '우리'에 청자가 들어가느냐에 따라 구분되는데, 청자가 들어가는 '우리'를 포괄적(inclusive) 용법, 배제된 것을 배타적(exclusive) 용법이고 한다. '나의 부인'을 '우리 마누라'라고 하는 것은 배타적 용법의 대표적인 예라고 할 수 있다.[55]

'우리에게 바다는 땅입니다'라는 표어는 5월 31일 바다의 날이나 해운·항만단체들의 행사에서 자주 등장하는 구호이다. 저자는 언제부턴가 이 표어에 등장하는 '우리'가 배타적 용법으로 사용된 '우리'로 들리기 시작했다. 일반 국민들이 해운에 대한 인식은 저조하며, 해운으로 인한 경제적 혜택과 효과를 체감하기 어렵기 때문이다. 게다가 세월호 사고, 한진해운 파산, 스텔라데이지호 침몰 등과 같은 사고와 사회적으로 문제가된 이슈들 때문에 해운업은 위험하고 사고도 잦으며 사회적으로 시끄러운 업종이기도 하다.

---

54 이 장은 저자의 논문(해운산업의 인지도 분석과 인식 제고 방안, 항만경제학회지 37권 제4호)의 내용을 일부를 기초로 작성되었다.

55 한국민족문화대백과사전(2021년 11월 2일 검색)

그럼에도 불구하고 우리 해운업계는 스스로 특수한 업종임을 자주 피력한다. 이 특수성 때문에 해운업계는 자주 사회적·경제적 특혜를 요구하기도 한다. 법인세 대신 톤세제 납부를 요구하는 것이나 정기선사 간 공동행위에 대한 공정거래위원회의 결정에 대해 법원이 판결을 내리기도 전에 철회를 요구하는 것이 그것이다.[56] 이를 두고 부산의 한 대학교수는 일반 국민들로 하여금 해양수산부가 아니라 '해양복지부' 내지 '해운복지부'로 비칠 것 같다는 쓴소리를 하기도 했다.[57]

2 한진해운이 파산하면

나무위키에서 한진해운을 검색해보면, (몇몇) 사람들이 해운을 어떻게 생각하는지 단편적으로 알 수 있다.

"대한민국은 사실상의 섬이기 때문에 해운산업이 꼭 필요하다든가, 해운산업은 유사시 제4군의 역할을 한다든가, 해운 주권을 지키기 위해서는 한진해운을 살려야 한다는 등의 마케팅을 자주 한다. 하지만 실제로 한국보다 GDP가 크고 바다에 접하는 면적이 많은 미국, 영국, 인도, 캐나다, 브라질은 거대 해운사 없이도 잘 살고 있다. 한국과 GDP는 비슷한 수준인데 바다와 접하는 면적은 엄청난 호주도 역시 해운사가 없다.[58]

---

56 해운업계는 대체로 공정위의 결정이 부당하며 경쟁법이 있기 전부터 해운법이 존재해 선사 간 공동행위가 적법하다고 주장한다. 또한 해운업계는 공정위의 과징금 부과 시 해운업계가 받는 피해에 대해서 강조하지, 공정위 결정의 세부 내용에 대해서는 반박하지 못하고 그저 결정을 철회하라고 주장한다. 저자는 본 사안을 법률적으로 판단할 만큼 전문성은 없지만, 법원의 판단이 있기도 전에 공정위 결정을 철회하라고 요구하는 해운업계의 주장은 무리가 있다고 본다.

57 부산일보 데스크칼럼, 미리차린 해수부 생일상의 의미는?(2021년 11월 3일 검색)

58 나무위키

2016년 8월 한진해운이 법정 관리에 들어갔을 무렵, 해운업계와 학계는 한진해운을 살려야 한다며 다음과 같은 주장을 한다.

1. 한진해운 파산으로 외국적 정기선사가 국적화물을 수송하게 되면, 수송비가 인상돼 '물가가 상승한다'.
2. 해운은 '전시 4군의 역할'을 하기 때문에 필수적으로 보유해야 한다.
3. 우리나라는 수출로 먹고사는 '무역 입국'이기 때문에 반드시 해운이 필요하다.
4. '경제 대국' 중 해운을 포기한 나라는 없다.
5. 한진해운이 망하면 부산항도 망한다.

1) 한진해운 파산으로 외국적 정기선사가 국적화물을 수송하게 되면, 수송비가 인상돼 '물가가 상승한다'

한진해운 파산으로 외국적 정기선사가 국적화물을 수송하게 되어 수송비가 인상되고 결과적으로 우리나라의 소비자 물가가 상승한다는 주장에 대해 살펴보도록 하자. 결과적으로 물가는 인상되지 않았다.[59] 여기에는 당시 운임이 워낙 낮은 수준이어서 실제로 외국적 선사가 우리 수출입화물에 높은 운임을 부과했지만, 이것이 물가에 반영되지 못했다는 주장도 있다.[60]

한진해운 등 우리 원양 컨테이너선사의 매출 비중은 자국 수출입화물의 운송보다 제3국 간 화물 운송에서 더 많이 발생하였다.[61] 이는 한진해운 파산 이전에도 우리 수출입화주들이 외국적 선사에게 운송을 의뢰해왔다는 뜻으로, 한진해운 파산 이후에 외국적 선사가 우리 수출입화물에 '파산 이전'보다 높은 운임을 부과했다는 근거는 부족하다. 더욱이 국적 컨테이너선사를 보유하지 않은 나라 미국, 캐나다, 이탈리아 등의 물가가 우리나라의 그것보다 높은 이유를 '국적 컨테이너선사

59 소비자물가지수는 16.3~18.12까지 100~105 포인트를 기록하였다.

60 김용준(2019), 한진해운 세월호 대한민국 해운참사, 내일은 괜찮습니까?(필통북스)

61 정봉민(2015), 해운경제학(블루&노트)

의 부재'에서 찾기는 힘들다.[62]

2) 해운은 '전시 4군의 역할'을 하기 때문에 필수적으로 보유해야 한다

전시 4군으로서의 역할을 위해 해운이 필요하다는 주장에 대해 살펴보자. Fayle은 해운이 전시 군사 전략상의 중요한 역할을 한다는 사실은 의문의 여지가 없지만, 그것이 국민경제에 미치는 영향을 평가해 낸다는 것은 쉽지 않다고 주장한 바 있다.[63] 게다가 우리 국민들의 만연한 '안보 불감증' 때문에 해운이 '전시 4군의 역할'을 한다는 것은 설득력 있게 다가오지 않을 것이다.

3) 우리나라는 수출로 먹고사는 '무역 입국'이기 때문에 반드시 해운이 필요하다

'무역 입국'을 위해 해운이 필요하다는 주장에 대해 살펴보자. 2020년 주요 수출 품목의 운송 수단별 수출액 비중에서 반도체, 컴퓨터, 의약품, 무선통신기기는 항공으로 수출되는 비중이 압도적이다. 해상 비중이 높은 품목은 석유제품, 자동차, 선박, 석유화학, 철강, 자동차부품, 이차전지, 석유류, 가전, 일반기계, 화장품, 생활용품 등인데, 우리나라 수출 주력 품목인 석유제품, 자동차, 선박, 석유화학, 철강은 전용 선박을 이용해 수출되는 것을 알 수 있다. 따라서, 우리나라가 수출로 먹고사는 '무역 입국'은 맞지만 국내 주력 수출 품목 대부분이 항공기나 전용 선박으로 수출되기 때문에, '무역 입국' 또한 '국적컨테이너선사 보유론'에는 충분한 설득력을 갖지 못한다.

62 한국 기준 비교물가수준에서 국적 선사를 보유하지 않은 미국과 캐나다의 물가는 한국의 그것보다 높았고, 이탈리아는 비슷하거나 약간 높았다.

63 김성준(2006), 산업혁명과 해운산업(혜안)

2020년 주요 품목의 운송 수단별 수출액 비중

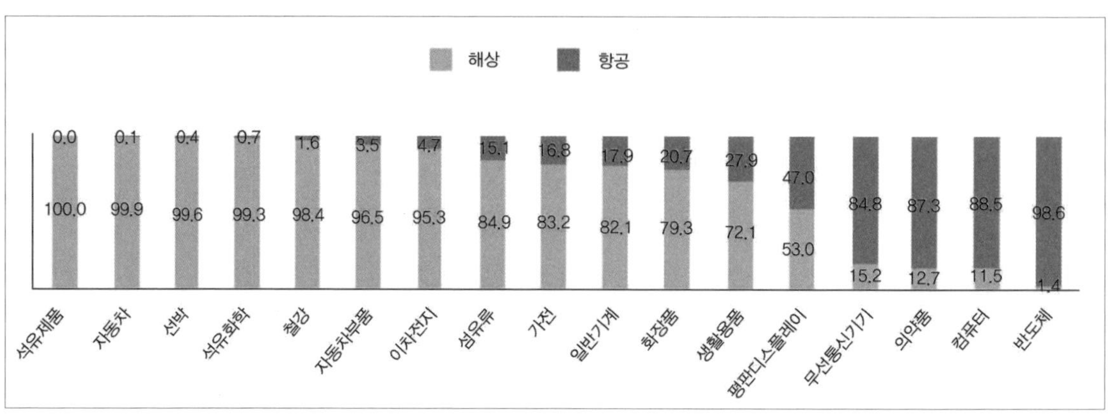

자료: 무역협회

4) '경제 대국' 중 해운을 포기한 나라는 없다

경제 대국 중 해운을 포기한 나라가 없다고 주장한다. 이 주장은 경제 대국 중 국적 정기선사를 보유하지 않은 나라는 없다는 의미이지, 정말로 해운을 포기했다는 의미는 아닐 것이다. G7 국가 중 독일, 일본, 프랑스, 이 외에도 중국, 대만, 싱가포르, 터키, 인도네시아, UAE 등이 국적 정기선사를 보유하고 있어 타당한 주장으로 보인다. 하지만 G7 국가 중 미국, 영국, 캐나다, 이탈리아[64]에는 전 세계 컨테이너 선복 상위 20위 안에 드는 국적 정기선사가 없다. G20으로 확대해보면 호주, 사우디아라비아, 러시아, 인도, 아르헨티나, 브라질, 스페인, 남아프리카공화국에도 전 세계 컨테이너 선복 상위 20위 안에 드는 정기선사가 없다. 따라서 '경제 대국 중 국적 정기선사를 보유하지 않은 나라는 생각보다 있다'고 해야 맞을 것이다.

64 MSC(Mediterranean Shipping Company)가 1970년 이탈리아에서 설립되었지만, 본사는 1978년에 스위스 제네바로 이전했다.

5) 한진해운이 망하면 부산항도 망한다

한진해운이 파산하면 부산항도 같이 망한다는 주장에 대해 살펴보자. 실제로 한진해운 파산 이후 부산항이 망했는지, 적어도 '컨테이너 처리량'이 감소했는지 살펴보자. 부산항 컨테이너 처리량은 2016년 19,456천 TEU, 2017년 20,493천 TEU, 2018년 21,662천 TEU로 증가했다. 2017년 2월 '부산시민일동'이라는 단체는 '한진해운이 망하면 부산항도 망한다'고 주장했지만, 아이러니하게도 그해 연말 부산항은 역대 최고 실적인 2,000만 개의 컨테이너를 처리한다.[65]

3 해운산업 인지도 분석

구체적으로 대중들의 '해운에 대한 인식'을 알아보기 위해, '해운산업에 대한 인지도', '해운산업 노출 경로', '국적선사 파산 시 국가 예산 투입에 대한 필요성', '국적선사 유지 필요성', '한진해운 파산 원인', 국민경제 차원에서 해운업의 역할', '한진해운 파산이 나(가정)에게 미친 영향'에 대해 설문을 해보았다.

조사는 조사전문업체인 리서치앤리서치를 통해 2021년 2월 한 달간 진행되었으며, 리서치앤리서치가 보유한 모집단을 바탕으로 무작위표본을 추출해 전국의 17개 광역 시·도를 대상으로 조사하였다. 최종 수집된 표본은 총 557개였으며, 지역 분포는 경기도가 135개, 서울이 114개, 부산 42개, 경남 34개, 대구 30개 등이었다. 국내 대표적인 항만도시인 부산, 인천, 울산의 총 표본 수는 84개로 15%를 차지했다.

'평소 해운산업을 잘 알고 있는가'에 대한 질문에는 '조금 알고 있다'가 187명(33.5%), '보통이다'가 160명(28.6%), '잘 모른다'가 143명(25.6%)으로 나타났다.

---

65 한진해운이 망하면 부산항이 망한다는 피켓을 직접 본 행인들이나 이 보도를 접한 시민들이 그해 연말 부산항 컨테이너 2,000만 TEU 달성 기념식 보도 기사를 접했다면 어떤 생각을 하게 될까? '한진해운이 망해도 부산항이 망하지 않는다'라고 생각할 수도 있지 않을까? 해양수산부가 대국민 메시지 관리에 보다 신중해야 한다.

해운산업 인지도

인지 여부	빈도	퍼센트
매우 잘 알고 있다	22	3.9
조금 알고 있다	187	33.5
보통이다	160	28.6
잘 모른다	143	25.6
거의 모른다	47	8.4
합계	559	100

'평소 해운산업에 어떻게 접했는가'에 대한 질문에 대해서 '인터넷 뉴스 및 신문'이 388명으로 69.4%를 차지했다. '거의 접하지 않았다'가 105명 18.8%, '해운 관련 다큐멘터리'가 31명 5.5%, '영화를 통해 접했다'가 21명 3.8%로 나타났다.

해운산업 노출 경로

경로	빈도	퍼센트
인터넷 뉴스 및 신문	388	69.4
영화	21	3.8
해운 관련 다큐멘터리	31	5.5
해양박물관 견학	14	2.5
거의 접하지 않았다	105	18.8
합계	559	100

'국적선사가 법정관리에 들어갔을 때 파산을 막기 위해 국가 예산을 투입하는 것에 대해서 동의하는가'에 대한 질문에 대해서는 '대체로 필요하다'가 272명 48.7%, '보통이다'가 179명 32%, '별로 필요하지 않다'가 53명 9.5%, '매우 필요하다'가 47명 8.4%로 나타났다.

국적선사 파산 방지를 위한 국가 예산투입 필요성

국적선사 예산투입 필요성	빈도	퍼센트
매우 필요하다	47	8.4
대체로 필요하다	272	48.7
보통이다	179	32.0
별로 필요하지 않다	53	9.5
전혀 필요하지 않다	8	1.4
합계	559	100

'국적선사를 유지하는 것이 우리나라에서 필요한가'에 대한 질문에 대해서는 '대체로 필요하다'가 297명 53.1%, '보통이다'가 131명 23.4%, '매우 필요하다'가 105명 18.8%로 나왔다.

국적선사 유지 필요성

국적선사 필요성	빈도	퍼센트
매우 필요하다	105	18.8
대체로 필요하다	297	53.1
보통이다	131	23.4
별로 필요하지 않다	21	3.8
전혀 필요하지 않다	5	0.9
합계	559	100

'국적선사를 유지하는 것이 나와 나의 가정에 혜택을 준다고 생각하는가'에 대한 질문에 대해서는 '보통이다'가 218명 39%, '대체로 그렇다'가 156명 27.9%, '별로 그렇지 않다'가 124명 22.2%로 나타났다.

국적선사 유지가 나와 나의 가정에 혜택을 주는지 여부

국적선사가 나의 가정에 혜택을 준다	빈도	퍼센트
매우 그렇다	24	4.3
대체로 그렇다	156	27.9
보통이다	218	39.0
별로 그렇지 않다	124	22.2
전혀 그렇지 않다	37	6.6
합계	559	100

'한진해운 파산 원인'에 대해서는 '오너 일가의 부도덕 및 무능'이 273명 48.8%로 압도적이었다. 이 외에도 '해운 시황 악화'가 97명 17.4%, '시장논리로 일관한 정부 정책의 무책임'이 84명 15%로 나타났다.

한진해운 파산 원인

한진해운 파산 원인	빈도	퍼센트
오너일가의 부도덕 및 무능	273	48.8
시장논리로 일관한 정부 정책의 무책임	84	15.0
해운 시황 악화	97	17.4
글로벌 해운사와의 경쟁에서 열위를 보임	55	9.8
비전문 CEO의 경영실패	47	8.4
기타	3	0.5
합계	559	100

'해운업을 왜 육성해야 한다고 생각하는가'에 대한 질문에 대해서는 '해상운송 서비스 수출을 통해 외화획득 및 서비스 수지 개선'이 243명 43.5%로 나왔고, '수출입 화물의 원활한 운송'이 204명 36.5%로 나왔다. 또한, '부산, 인천 등 항만도시

의 고용 및 부가가치 증대'가 61명 10.9%로 나왔다.

해운업 육성 필요성

해운업 육성 필요성	빈도	퍼센트
수출입 화물의 원활한 운송	204	36.5
해상운송 서비스 수출을 통해 외화회득 및 서비스 수지 개선	243	43.5
전시 4군 및 재난 등 비상 시 수송수단 확보	42	7.5
부산, 인천 등 항만도시의 고용 및 부가가치 증대	61	10.9
남북교류를 통한 통일 대비	6	1.1
기타	3	0.5
합계	559	100

'한진해운 파산으로 받은 피해'에 대해서는 '별로 없음'이 305명 54.6%, '화물 배송 지연'이 70명 12.5%, '물가상승'이 81명 14.5%로 나왔다.

한진해운 파산으로 받은 피해

한진해운 파산으로 받은 피해	빈도	퍼센트
물가상승	81	14.5
화물 배송 지연	70	12.5
일자리 상실	47	8.4
국가안보 위기에 의한 불안감을 겪음	56	10.0
별로 없음	305	54.6
합계	559	100

조사 결과를 요약하면, 언론이나 대중 매체를 통해 해운산업에 대해 어느 정도 알게 되었고, 국적선사 유지가 필요하고, 국적선사 파산 시 국가 예산 투입의 필요성에 대해서도 공감하는 것으로 나타났다. 하지만, 국적선사 유지가 나와 나의 가정에 주는 혜택에 대해서는 크게 공감하지 못하고 있으며, 한진해운 파산으로 인해 받은 피해도 별로 없는 것으로 나타났다.

이 조사 결과에서 알 수 있는 것은 대중들은 해운에 대해서 관념적으로는 '중요하다'고 생각하지만, '해운을 통한 혜택'에 대해서는 공감하지 못한다는 것이다.

4 '그래도 가야 할 길', 해운

지금까지 살펴본 내용을 보면, 한국의 해운업은 '있으나 마나 한 산업'으로 여겨진다. 우리나라에 국적선사가 유지될 필요성이 없는 것인가? 한진해운은 우리나라 경제와 산업에 기여한 것이 없는 것인가? 왜 우리는 해운업을 육성해야 하는가? 국적선사는 정말 필요한 것인가?

이 질문에 벌크와 컨테이너 해운 부문으로 나누어 살펴보고자 한다. 우선 벌크 해운은 우리나라의 주력 수출 품목인 철강, 석유화학 산업의 원활한 생산과 수출을 위해 반드시 필요하다. 최대 산유국인 사우디라아비아가 우리나라로부터 석유를 수입하고 있지 않은가. 2015년 기준 싱가포르, 중국, 일본에 수출한 석유가 13조 원에 달한다.

컨테이너 해운은 글로벌 밸류 체인 확산과 안정화에 기여한다. 생산네트워크가 국경을 넘나들며 촘촘히 얽혀 있는 글로벌 밸류 체인 탓에 배 한 척이 묶이면 공장 가동이 멈추고, 해당 상품 가격이 올라간다. '요소수 사태'로 영국에서는 '주유 대란'이 벌어지기도 하고, 미국 서부 항만의 적체 현상 때문에 맥도날드에 '감튀 품귀 현상'이 벌어지기도 한다. 더욱이 미중 패권 경쟁과 해양 세력과 대륙 세력이 충돌하는 오늘날의 '신 냉전 시대'는 강대국 간 군사적, 정치적, 경제적 충돌 위험이 상존하고 있으며, 충돌 지점은 한국일 가능성이 높다.

코로나 19 팬데믹 시기에는 항만의 적체가 공급망을 중단시키는 위험 요소였다면, 앞으로의 글로벌 공급망은 지정학적 리스크에 노출되어 있다. 따라서, 글로벌 공급망의 위험 관리와 회복탄력성(resilience) 확보가 앞으로의 글로벌 공급망관리의 중요한 요소가 될 것이다. 이러한 위기의 시대에 안정적인 수송망 확보를 위해서는 우선 국적 컨테이너선사를 반드시 보유해야 하며, 국적 컨테이너선사를 종합 물류기업화하는 데 노력해야 한다.

저자 소개

- 경상국립대학교 경영대학 스마트유통물류학과 교수
- 성결대학교 경영학사, 인천대학교 동북아물류대학원 물류학 석 · 박사
- International Journal of e-Navigation and Maritime Economy 편집위원장
- 한국항만경제학회, 한국해운물류학회, 국제상학회, 국제이네비해양경제학회 이사
- 경상국립대학교 상경대학 부학장 (2021)
- 배재대학교 무역학과 교수 (2016-2017)
- 싱가포르 난양이공대 연구원 (2013)
- 홍콩폴리텍대학 Visiting Scholar (2016)
- 경상남도 물류정책위원 (2018-2020)
- 우수물류기업인증 심사위원 (2022)
- 물류관리사 출제위원 (2018, 2021)
- 감정사 · 검량사 · 검수사 출제위원 (2019)
- 한국항로표지기술원 자문위원 (2020)
- 서천군 해양수산폴리텍 설립 자문위원 (2021)
- Marine Policy, Transport Policy 등 SSCI/SCOPUS/KCI에 40여 편 논문 게재
- Maritime Policy & Management 2018년 게재 논문 중 우수 논문 9편에 선정 (논문명: A Cause of Oversupply and Failure in the Shipping Market: Measuring Herding Behavior)
- 세계인명사전 Marquis Who's Who in the World 등재 (2018, 2019)

해운물류 다이제스트

초판발행 2022년 7월 4일

지은이 이태휘
펴낸이 안종만 · 안상준

편 집 김민조
기획/마케팅 정성혁
표지디자인 BEN STORY
제 작 고철민 · 조영환

펴낸곳 (주) 박영사
서울특별시 금천구 가산디지털2로 53, 210호(가산동, 한라시그마밸리)
등록 1959. 3. 11. 제300-1959-1호(倫)
전 화 02)733-6771
f a x 02)736-4818
e-mail pys@pybook.co.kr
homepage www.pybook.co.kr
ISBN 979-11-303-1561-4 93320

정 가 15,000원